姚琼 著

每个人的 OKR

中信出版集团｜北京

图书在版编目（CIP）数据

每个人的 OKR / 姚琼著 . -- 北京：中信出版社，
2020.4（2022.3 重印）

ISBN 978-7-5217-1519-4

Ⅰ . ①每… Ⅱ . ①姚… Ⅲ . ①企业管理 Ⅳ.
① F272

中国版本图书馆 CIP 数据核字（2020）第 025647 号

每个人的 OKR

著　　者：姚琼
插　　画：智画动漫
出版发行：中信出版集团股份有限公司
　　　　　（北京市朝阳区惠新东街甲 4 号富盛大厦 2 座　邮编　100029）
承 印 者：唐山楠萍印务有限公司

开　　本：880mm×1230mm　1/32　　印　张：8.5　　字　数：158 千字
版　　次：2020 年 4 月第 1 版　　　　印　次：2022 年 3 月第 10 次印刷
书　　号：ISBN 978-7-5217-1519-4
定　　价：49.00 元

目 录

Contents

用OKR提升个人工作效率与执行力

用OKR实现职业生涯的突破

OKR让你实现幸福生活

OKR让你的孩子更加优秀

推荐序

聚焦小目标　成就大梦想

姚琼老师有一个个人 OKR（目标与关键结果），即成为中国最有影响力的 OKR 布道者。我相信和她有一样目标的人不在少数，但是她用 OKR 的方法把这个目标放大又缩小，始终放在心上，全心全意地为它而努力。这正是 OKR 的魅力所在。

她将这个目标放大。因为她追求的不是做平常事，不是仅为谋生做咨询业务，也不是为了满足一两个客户的需求，她想让一个好的方法被尽可能多的人知晓和实践。从更大的人生尺度，她想在世间留下一个有价值的印记。

她将这个目标缩小。因为不能把目标停留于空想和空谈。她必须食人间烟火，脚踏实地地去做。于是她有了白纸黑字的 KR，出版《OKR 使用手册》、开设公开课、推出在线音频课程、塑造标杆企业。有了这些具象的东西，目标开始和行动握起手来。于是我在朋友圈看到，姚老师 2019 年的忙碌令人难以置信。

这个 OKR 并不是姚琼老师个人实践的一个例子，而是她的全部。这是什么意思呢？一个人的职业生命非常短暂。年过四十，剩下的全是杂音和尾声。这个时候，如果能够找到一个简洁、单纯、让人心无旁骛的目标绝对是难能可贵的事情。我认识的姚琼老师，就是这么一个人。她计划把所有的职业精力都聚焦在一个点上，这让她远远胜过那些随波逐流的咨询业导师。

放大目标的动能，缩小行动的自由，聚焦在单一的方向。这三句话应该能够很好地概括 OKR 的真谛。

姚琼老师的这本书最大的特点在于后半部分。她提炼出了方法的本质，找到了运用的原则，并将其和每个人的个人发展需要结合起来。

OKR 在企业界流行之前，个人目标管理并非新鲜的话题。这些目标的确和本书提到的个人发展、家庭生活、子女教育有关，但是无数人制定了目标，喊出了口号，却又让目标不了了之，目标和行动之间的距离比太平洋还要宽。这背后的原因其实每个人都心知肚明。OKR 通过目标的聚焦，标尺的建立，复盘的习惯让半途而废的概率充分降低，至少让当事人知道目标达成失败是因为哪些行动计划的失效。

她在这本书中也提到，她的长期目标可以概括为"让一亿中国人学会 OKR"。一亿可不是一个小数字，这意味着受众必须远远超越创业者和经理人的范畴，要涉及那些普通白领、自由职业者、家庭主妇，乃至那些已经退休的耄耋老人。所以，这本书肯定也和她的 OKR 目标有关。如果没有清晰目标的牵引，我们既不会想到，也不会做到这样困难的行动。这本书的出版无疑会让姚老师个人 OKR 目标的实现又前进一大步。

本书从第三章开始就聚焦在将 OKR 和个人工作、学习和生活联系起来。一路读下去，你肯定会情不自禁地给自己制定各种各样的目标。我要在此提醒一下读者，有目标并不难，难的事情主要有两件。一是从众多看似有价值的目标中找到属于你的那一个，第二就是将它牢牢地抓在手心，不管难易都不放手。用两个简单的字来概括，就是"聚焦"。

现在正是翻开目标管理新一页的时候！

明道云创始人任向晖

2020 年 2 月 29 日于上海

自 序

在国内推广 OKR 至今，也快 5 年时间了。我很骄傲能够成为中国第一位 OKR 布道者和实践者，帮助企业成长。在推广 OKR 期间，我陆续出版了三本与 OKR 有关的专业书，供公司高管、中层管理者和其他职场人士学习，也辅导了腾讯、字节跳动、京东等上百家企业的 OKR 落地实施。

从一开始研究 OKR，我就始终记得美国 OKR 之父约翰·杜尔说过，他自己不仅用 OKR 管理工作，也用 OKR 管理生活，他的目标（O）是提升和女儿们的亲密关系，而关键结果（KR）就是每周 4 天必须 6 点下班和女儿们一起吃饭。虽然工作很忙，但是他坚持平衡生活和工作，最终这个 OKR 完成了 70% 左右。出身于谷歌的吴军老师也用 OKR 管理自己的生活和工作。他写书、旅游、理财，统统用 OKR 进行自我管理。所以从一开始，在辅导企业使用 OKR 的同时，我也采用 OKR 管理自己工作室的工作和我个人的生活。我发现自己坚持使用 OKR 之后，真的有令人惊喜的收获：事业蒸蒸日上，生活幸福美满，专业能力迅速提升。我觉得这个方法很好，希望更多的人学会使用，更好地管理自己，成为更加优秀的人。

以下我分享一下我 2019 年的两个 OKR，大家如果想知道我完成得如何，可以在我的书里面找答案。

表 0-1　我 2019 年的两个 OKR

O1：成为中国最具影响力的OKR教练	O2：大力提升自身专业能力
KR1： 2019年出版《OKR使用手册》	KR1： 浏览全球管理/绩效/OKR相关书籍（每月至少5本）
KR2： 每月开设全国公开课，辅导企业过百	KR2： 参加全球顶尖商学院课程学习（12月）
KR3： 推出2~3个音视频系列课程，帮助更多企业	KR3： 完成美国ICF（国际教练联合会）教练相关课程学习（4月）
KR4： 通过OKR咨询业务项目，塑造5家OKR标杆企业	KR4： 创作一本OKR生活绘本，推广OKR

我有很多的分享机会，我在课堂上辅导中高管运用 OKR 管理公司和团队目标的同时，也提醒他们可以将 OKR 运用到生活中，帮助自己提升生活品质，提高家庭幸福指数，提升孩子的学业，

等等。结果学员的反馈太令我振奋了。他们纷纷表示这是一个非常好的方法，他们离开教室后就直接去运用了。有人用OKR减肥成功，有人用OKR帮助孩子提高学习成绩，有人用OKR实现自己多年的人生梦想，他们和我分享成功后的喜悦。我这本书里所有的OKR案例都是真实的，来自学员们的实践。在这里我要感谢我全国各地的学员，你们可以在我的书里看你自己或你同班同学的影子。

有一天，我在思考如何更好地推广OKR。因为多年运用OKR，它已经成为我的思维模式。思考的结果是我找到了新的更加宏大的目标（O）：让一亿中国人学会使用OKR，成为更优秀的自己。这也是我写这本书的目的。

所以在本书中，我将详细地给大家介绍什么是OKR，如何将OKR运用到生活的方方面面。可以毫不夸张地说，OKR是新的生活方式和理念，是一种全新的活法。

本书的第一章简单介绍了OKR的来源，与其他管理工具（如KPI）的区别与联系。通过介绍谷歌的OKR经验，让大家学会OKR的关键特征及制定方法。第二章把OKR放到团队管理的场景里，告诉大家OKR在团队协作与创新方面可以发挥的独特作用。

当然，OKR的个人运用也非常重要，所以第三章专门介绍每一位职场人士如何运用OKR提升自己的工作效率和执行力，从而为公司业绩做出贡献，也为自己的能力提升打下基石。第四章则从职业生涯发展的角度和大家谈谈从入职到退休，如何在每个阶段成功突破瓶颈，塑造辉煌的职场履历。

最后两章的笔墨侧重在家庭生活方面。第五章谈的是幸福生活，讲 OKR 如何在亲情、友情、爱情、婚姻、健康等几个维度，帮助我们感受幸福。第六章讲的是孩子教育。作为一个大二男孩的妈妈，我在孩子很小的时候就开始运用 OKR 思维模式培养他。我想多分享一些我的观点、方法和工具给大家，我想告诉每一位父母，你们的孩子都拥有独一无二的优势，好好培养，让孩子拥有一个幸福、成功和充实的人生。

最后，希望大家都能用 OKR 来管理自己的工作和生活。我相信，你一定能够从本书中受益，因为 OKR 是最佳的人生管理法。

学会 OKR 工作法和生活法，人人都可以成为行走的 OKR！

1

揭开 OKR 的
庐山真面目

最近几年，OKR 逐渐风靡全球，作为一种新型的目标管理工具和理念，它越来越受到管理界和各大企业的青睐。然而 OKR 并非一个全新的概念，它的历史可以追溯至 70 多年前。

那么，OKR 到底是什么呢？它从何而来？我们如何学习与运用它？它究竟适合谁使用？

本章将为你揭开 OKR 的庐山真面目。

1.1　OKR 的长辈们

首先，我们要了解 OKR 是什么。

OKR 是英文 objectives and key results 的缩写，翻译成中文就是目标与关键结果，是一套设定目标、跟踪目标完成情况的管理工具、方法和思维模式，由英特尔公司前 CEO（首席执行官）安迪·格鲁夫所创。OKR 由目标（O，objectives）和关键结果（KR，key results）两部分构成，对团队和个人而言，就是你想要实现的目标及具体的实施方法与手段。

下面我们将讲述 OKR 管理法的由来及其演化过程。

OKR 鼻祖：管理大师彼得·德鲁克

OKR 从何而来，又是如何演变至今的呢？

对此，我们不能不提到这位享誉全球的"现代管理学之父"——彼得·德鲁克，他是管理实践领域最著名也最具影响力的人物之一。1954 年，彼得·德鲁克凭借《管理的实践》一书成为管理领域的大师级人物，他在书中提出了 20 世纪最伟大的管理思想 MBO（management by objectives），即目标管理。他说："企业管理需要的就是一个管理原则。这一原则能够让个人充分发挥特长、担负责任，凝聚共同的愿景和保持一致的努力方向，建立起团队合作和集体协作，并能协调个人目标与共同利益。目标管理与自我控制是唯一能做到这一点的管理原则。"

目标管理这一概念的提出具有划时代的意义，如今目标管理已成为当代管理学的重要组成部分。在德鲁克看来，目标管理的主要贡献在于："它能够使我们用自我控制的管理方式来代替强制式的管理。"

OKR 祖父：英特尔前 CEO 安迪·格鲁夫

如果说彼得·德鲁克是 OKR 的鼻祖，那么作为 OKR 的创造者和实践者，安迪·格鲁夫则可被称为 OKR 的"祖父"。

OKR 是安迪·格鲁夫在目标管理的基础上创立的，可以说 MBO 就是 OKR 的起源，OKR 的 O 就是来自 MBO 的 O。格鲁夫非常崇拜德鲁克，是德鲁克的粉丝。

随着目标管理在企业中施行，很多企业将注意力集中在少数几件优先事件中，取得的成就也相当令人震撼。然而，目标管理的缺陷也逐渐暴露。安迪·格鲁夫说："尽管很多人都很努力地工作，但他们却没能取得什么成就。"基于这一情况，安迪·格鲁夫不断地思考：如何才能定义和量化知识工作者的产出？如果要增加产出，该怎么做？

后来，他援引德鲁克的目标管理，进行新的管理尝试，将目标系统命名为 iMBOs（"英特尔的目标管理法"）。安迪·格鲁夫在《格鲁夫给经理的第一课》中解释了他是如何创造出 OKR 的：

我要去哪里？答案就是目标。

我如何知道能否达到那里？答案就是关键结果。

OKR 之父：谷歌投资人约翰·杜尔

真正将 OKR 推广开来的，是后来谷歌公司的董事约翰·杜尔。

1999 年的一个秋天，约翰在当时的谷歌董事会做了一次关于 OKR 的演讲，这次演讲从根本上改变了谷歌公司的管理模式。在硅谷那间冰激凌店铺楼上的会议室中，约翰·杜尔为谷歌公司播下了 OKR 的种子，而谷歌这片土壤也为 OKR 提供了充足的养分。谷歌从创建最初到现在已经有 20 个年头，每个季度，谷歌所有人都在系统里面递交本季度的 OKR，来展示自己想要达成的工作目标和想取得的工作成果。

可以说，没有任何一家公司在实施 OKR 上的表现比谷歌公司更加高效。约翰·杜尔在新书《这就是 OKR》里面说："当谷歌公司遇见 OKR，这是一种完美的组合。"他就像父亲一样陪伴着 OKR 的成长，他还向后来他公司投资的 100 多家创业公司传播 OKR，不断地改进和实践 OKR。

中国首位 OKR 布道者：姚琼

大约在 2013 年，谷歌经理瑞克·克劳将其掌握的 OKR 管理方式分享到互联网上，这让一直关注全球绩效管理变革的我，有机会成为国内最早接触 OKR 管理模式的人之一。作为长期研究目标管理与绩效考核的人力资源管理者，我意识到这一创新目标管理思想的与众不同，它区别于我 20 年来使用和研究的其他工具。因此，我更加关注 OKR，还利用美国人力资源协会会员的身份，特地去美国学习了 OKR 管理方法。

随着对 OKR 研究的加深，我认为中国企业需要 OKR 这样的敏捷工具来帮助企业进行管理的创新和变革。但我认为，中国的企业应该由中国老师来辅导与培训，因为我们更了解国情。于是在 2016 年，在外资企业服务了 20 年之后，我离开了我服务的最后一家公司——爱立信，创办了姚琼工作室，全身心投入 OKR 的推广，业务主要包括培训、辅导和咨询等。

OKR 管理法的由来及演化过程，如图 1-1 所示。

图 1-1　OKR 管理法的由来及演化过程

1.2　OKR 的兄弟姐妹们

自从 100 多年前美国学者泰勒提出科学管理至今，管理学发展迅猛，各种工具在不同的历史阶段陆续出现，它们与 OKR 一样在全球各大企业中发挥着强大的力量，好像是一群同龄人拥有不同的名字与特征一样，在管理上有着不同的侧重点。它们相互影响、彼此配合，在企业管理中发挥着应有的作用。在这里，我们戏称它们为 "OKR 的兄弟姐妹们"。

彼得·德鲁克的目标管理法

一位父亲带着三个儿子去草原上打猎。到达目的地后，父亲询问儿子们："在这里，你们能看到什么？"

大儿子回答道："我看到了一望无际的大草原，牛羊在这里吃草，狮子捕杀羚羊。这是生命的意义。"二儿子回答道："我看到了正在装填子弹的父亲，努力回答问题的大哥和沉默的弟弟。"三儿子回答道："我只看到了我的猎物。"

若干年后，大儿子成了自然学家，二儿子专注于人文科学，三儿子则继承父亲的衣钵成了优秀的猎人。

这个故事有很多版本，但我更青睐这一版本，因为目标可以被设定在任何领域而不仅限于初始意愿，只要拥有了目标并切实达成，就是一种成功。

其实不管是年度、季度还是月度，每一个大型企业都有相应的目标及规划，而对目标进行有效管理能极大减少评估失误，增加员工的积极性。通过设定企业总目标和与之匹配的分目标，可以减少资源的内耗和时间的浪费。

但由于彼得·德鲁克的目标管理法没有提供目标制定与落地的具体实施工具，因此极易出现执行力不足、后期目标完成度无人问津的情况，最终导致工作效率下降。所以后续很多管理学者在具体实施工具方面进行了补充。

SMART 原则

很多人经常感觉有目标，却不知道如何表达，这就需要 SMART 原则来帮助我们。SMART 原则是专门帮助我们撰写目标的标准，由美国管理学者乔治·多兰（George T. Doran）教授在 20 世纪 80 年代提出。

SMART 的中文解释为"聪明的"，我们经常戏称：你的目标够聪明吗？其实就是问你的目标是否符合 SMART 原则。5 个英文字母分别对应的英文和中文翻译，如表 1-1 所示。

表 1-1　SMART 原则

SMART原则	
S：specific	**具体的**（实实在在的，不是抽象的）
M：measurable	**可度量的**（能量化或细化）
A：attainable	**可实现的**（有挑战，跳起来才能摸得着）
R：relevant	**相关联的**（与公司战略经营目标、部门团队目标和岗位职责相关）
T：time-bound	**有时限的**（要求能在一定期限内完成）

SMART 原则可以帮助人们量化目标。例如，立志减肥的人不是把计划设定成"一定要瘦下来"，而是将目标设为"一个月瘦 10 斤"，这样有具体数据的目标更加容易达成。遵循 SMART 原则，我们就可以将抽象化的想法或意愿（目标）变为具体的、可量化的、可实现的落地方案。

KPI

KPI（key performance indicator），即关键绩效指标。它依靠帕累托提出的二八法则运转，将关键事务进行指标化，通过抓住关键任务和工作重心，达到提高效率的目的。

KPI 是对公司战略目标的分解，反映公司重点经营活动的效果，分为定量指标、定性指标，但都必须可以衡量。

KPI 的主要表现形式举例如下：

- 比率：成本下降率、产品利润率、项目计划完成率、产品一次性合格率、技术评审合格率、测试覆盖率、自动化测试比例、测试项目（或测试用例）的问题发现效率、产品设计缺陷率。
- 常数：销售额、利润额、客户投诉次数、新产品市场应用效果、技术支持响应速度、专利申请数、因缺陷返工次数。
- 时间、日期：如每月 10 日前提交技术文档，明确规定培训时间、论文递交时间等。

大家可能要问，我们以前都用 KPI，为什么现在要用 OKR 呢？肯定是因为 OKR 有很多 KPI 没有的优势。OKR 与 KPI 有着很大的区别，如表 1-2 所示。

KPI 是绩效考核工具，OKR 则是目标管理工具，二者有着不一样的逻辑。KPI 以结果为导向，关注事情是否完成；它与薪酬挂钩，其目的是通过考核督促员工把目标完成；目标能数字化，但不接受改变。OKR 以产出为导向，关注事情的成果；它与薪酬无关，时刻提醒每个人应该做什么；目标上下一致，通过过程管理及和领导、同事的沟通来把工作做好；每个人都是平等的，公开透明的 OKR 可以接受大家监督，也可以根据实际情况进行调整。

表1-2 KPI与OKR的区别

区别点	OKR	KPI
实质	管理方法	绩效考核工具
管理思维	自我管理	控制管理
目标形式	目标+关键结果（过程+结果）	结果
目标来源	聚焦优先和关键事务	团队或个人"成功"的数字化衡量
目标调整	动态调整，不断迭代	相对稳定
制定方法	上下结合，360度对齐	自上而下
目标呈现	公开，包括目标、进度及结果	保密，仅责任者与上级可见
过程管理	持续跟进	考核时关注
结果	富有挑战，可以容忍失败	要求100%完成，甚至超越目标
应用	评分不直接关联考核与薪酬	直接关联考核与薪酬

虽然 KPI 的公众认知度和应用范围更加广泛，但在如今这个多变的时代，仅仅作为考核工具的 KPI 显然不能灵活地适应形势。我认为，KPI 的作用更多在于"检测"和"控制"，而 OKR 的作用则体现在"激励"和"成长"。所以，OKR 不能完全取代 KPI，

我们可以用 OKR 进行管理，用 KPI 进行考核，让两者在不同方面起作用才是移动互联网时代转型期管理模式的新探索和新实践。

面对当今变化无常的形势，我倡导所有人尝试用 OKR 管理自己的工作和生活，这种"人人看得见的目标管理体系"，能够帮助个人和团队取得成功。

BSC

BSC（balanced score card）即平衡记分卡，由卡普兰和诺顿于1993 年将其引入企业管理后逐渐传播开来并沿用至今。财务维度、客户管理、内部运营和学习成长是 BSC 的四个维度。它是一种可以通过四个维度将战略进行目标分解，并推动战略实施的企业目标管理与绩效管理方法。

BSC 可以将抽象的企业战略目标具象化，使之成为可以落实在工作中需要完成的目标，其兼顾财务与非财务因素、内部与外部客户及短期与长期利益等多方面，相对于传统的单维度 KPI 考核方式，BSC 更具有战略性与全面性。但由于 BSC 维度与指标有时候很难分解至一线员工个人，所以在个人考核与管理方面作用并不明显，而且 BSC 的实施难度大、工作量多。所以，就灵活性而言，我建议将 BSC 与 OKR 有机结合，也就是说，在公司层面运用年度 BSC 管理，而对员工可以采用季度／月度 OKR 管理。

从 MBO 到 OKR 的出现，经历了 45 年的发展历程，其历史沿革如图 1-2 所示。

图 1-2　OKR 历史沿革示意图

1.3　学习谷歌的 OKR 经验

谷歌公司的员工用 OKR 进行沟通与协作，以求达到具有挑战性的目标。在搜索团队、Chrome 浏览器团队及安卓团队中，员工们通过紧密的合作去创造巨大的价值，只用了较少的人力就取得了辉煌的成绩。

在这一节里，我们将一起学习谷歌公司 OKR 的"二要"和"一不要"，这是我深入研究谷歌经验后的总结，如图 1-3 所示。

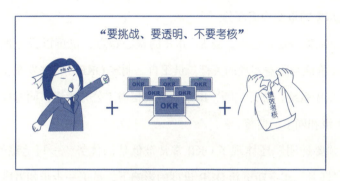

图 1-3　OKR 的"二要"和"一不要"

"二要"：要挑战，要透明

OKR 一定要有挑战性，这就意味着我们不太可能达成所有的目标。如果真的有人面面俱到地达成了所有的目标，是不是说明他设立的目标不够具有挑战性呢？

谷歌的目标一般分两类：承诺型目标和挑战型目标。承诺型目标通常由高层设定和分解，例如销售额等能与日常工作紧密联系的、组织一定要达成的保障型目标；挑战型目标则对组织未来有重要意义，它可以来自公司的任何层面，包括基层员工。

在谷歌公司，挑战型目标更具有风险性和创新性，它能够使人突破舒适区，挑战不可能。它的失败率约 40%，但依然在公司中活跃，因为挑战是谷歌文化的一部分，所以挑战型目标也是谷歌 OKR 的重要构成部分。

OKR 一定要透明，这是 OKR 的核心特点，也可以说是推动
OKR 价值与收益实现的关键。员工自己制定 OKR，将之发布在公
司 OKR 系统，公开"晒"出来，这就相当于公开承诺，同时也方
便上级和同事们监督。

"要透明"还体现了 OKR 常常被低估的优势——可追踪性。
在"打卡"式定期更新 OKR 进度的影响下，员工一步步朝着既定
方向前进。这种公开透明的全员参与管理办法，是激发年轻一代
员工参与感、责任感和积极性的良方。

在这个变化无常的时代，OKR 能够展现其灵活性，我们可以根
据实际情况不断对 OKR 进行修改和更新，使其更加贴合当下环境。
相对于传统的目标管理，OKR 显然更加灵活。因为透明，我们可以
更快速地沟通与掌握变化的信息，使整个组织变得更加敏捷。

"一不要"：不要考核

OKR 是一套激活个体的管理工具，实现的是自我管理。它非
常注重过程管理，通常以"周"为单位进行跟踪回顾，针对经营
数据、进度、计划、策略等方面进行沟通，促使员工通过多角度
的积累，提升达成目标的信心指数。

单纯的"唯结果"式的 KPI 考核并不能激励 90 后员工，除了

与薪资挂钩的绩效奖金外，参与感和主人翁意识才是吸引 90 后员工的关键。所以千万不要用 OKR 来考核员工，以避免落入另一个 KPI 的陷阱。

1.4　OKR 的制定秘诀 1

心理学家做过一个实验：将一群人分为三组，分别向三个不同的村子进发。第一组人除了被告知跟着向导走之外再无其他提示，他们没有方向，也不知道路程有多远。刚走出两三公里就有人开始叫苦，走到一半的时候就没什么人愿意继续前进了。

第二组人知道村庄的名字和路程，但沿途并没有里程碑，所以他们并不知道自己走了多远，有经验的人会鼓励新人说"还有一半路程""我们走了四分之三了""马上就到了"，以安抚他们的情绪。

第三组人不仅知道村庄名字和路程，而且每隔一公里就会看到一座里程碑立在道路旁。第三组人的旅途是非常轻松的，他们一路欢声笑语，每经过一座里程碑就爆发一阵欢呼，很快就到达了目的地。

当人们的行动有了明确目标，并能把行动与目标不断地加以对照，进而清楚地知道自己的行进速度与目标之间的距离时，人们行动的动机就会得到维持和加强，就会自觉地克服一切困难，努力到达目标。OKR 就是能将目标和行动连接起来的最佳工具。

目标设定

目标要对"你想要什么"进行解答，即回答关于"what"（是什么）的问题。要将自己或公司团队的目的和意图表达清楚，那么精练的语言就是必不可少的。

一般而言，对目标的描述超过两句话就意味着它可能不够精练与清晰明了。此外，具有挑战性且真实客观的目标才能够实现，才能鼓舞人心，但很多人的目标并不具有这样的特点。例如，"完成项目""保证客户满意度和去年一致"等，这些目标中规中矩，甚至有些死气沉沉，无法激发员工前进的动力。而"大力提升品牌的全球影响力"这样的目标就比较能激发人心。

OKR 一定源于组织战略

战略，就是组织为了达到其愿景、使命而制订的长期和短期规划，这是一种决策，是在组织有效分析其内部优劣势与外部环境之后，对资源进行的重组排序。战略需要落地实施，公司战略需要最终体现在员工行动上。

例如，我辅导的一家游戏公司2020年的战略是拓展海外市场，那么公司目标就确定为"去印度和马来西亚拓展分支机构"，具体分解到人力资源部门的目标就是"组建当地团队"，具体的行动就是"发布5个空缺运营岗位"。

OKR虽然崇尚自我管理，但也不能忽略对组织战略的支撑。要通过沟通形成目标共享，真正做到将自己的目标与组织目标关联起来，为实现组织目标做出贡献。

挑战与可控并存

何为挑战？挑战不是轻轻跳一跳就摸得到的东西，而是你经过长期的弹跳训练后奋力一跃才能抓到的东西。而挑战性的OKR是需要个人或团队在一定周期内（通常是一个季度）付出额外努力才能达成或者几近达成的OKR。比如"公司年度收益从2000万元升至2200万元"或"工作效率提升10%"，这些目标虽然重要，但在充足的资源、完善的制度流程和强有力的执行和监管措施之下并不难实现，甚至可以说你只要付出正常努力就可达到。这些目标虽然可控，但并不具有挑战性而且毫无激情可言。而谷歌"YouTube于2016年底用户日均观看时长达到10亿小时"的目标，被认为是非常具有挑战性的，这是一个达到10倍增长的指标。

OKR 要求挑战与可控并存，但有时不能被可控限制住脚步。因为挑战往往意味着你对过去的工作甚至生活的重新思考，是走出"舒适圈"的重要一环，更是雄心勃勃的体现。可控性则是在实际数据的基础上，最大程度地进行改善和创新，以保证雄心壮志的实现。所以，在制定 OKR 目标时，需要剥离外界的影响要素。

小贴士

目标怎么写?

撰写格式要求：副词＋形容词＋动词＋名词。

具体特征：鼓舞人心，可达成，本季度可执行，团队可控制结果，对业务有价值。

撰写举例：本季度大力提升客户满意度。

1.5　OKR 的制定秘诀 2

有一只袋鼠从动物园的笼子里跑了出来。管理员们发现之后，将袋鼠抓回笼子，并且开会讨论。他们一致认为是因为笼子的高度不够所以袋鼠才可以轻松跳过去，于是他们将笼子加高到了 2 米，结果第二天袋鼠依旧跑到了笼子外面。他们又将笼子加高到 3 米，可是袋鼠依然能从笼子里跑出来。

管理员们紧张了，于是直接将笼子加高到了 10 米。

隔壁的长颈鹿跟袋鼠闲聊："你说他们还会继续加高你的笼子吗？"

"很难说。"袋鼠说道，"如果他们继续忘记关门的话。"

很多人都是这样，他们只知道出了问题，但从来不能准确抓住问题的核心与关键。有时制定 OKR 也会出现同样的问题。

KR 关键要求：量化，量化，再量化

KR 的制定需要以回答"怎么做"的方式为基础，即回答关于"how"的问题。KR 必须是可衡量的工作结果，一旦达成，必定对 O 的完成起到推动作用。这就需要以量化 KR 的方式将实现 O 的过程碎片化和步骤化，使每一条 KR 都可以与 O 相对应，并且对 O 的实现起到很大的帮助和推进作用。

因为 KR 的制定必须以产出为导向，也就是说对 KR 的描述必须是结果而不能是"参与""帮助""分析"等表示模糊性动作的词语。以某销售总监的 OKR 为例，如表 1-3 所示，"激活团队，确保第一季度签订 1000 万美元的预定合同"就是一个非常标准的以量化结果为导向的 KR，且包含过程和方法，对"顺利完成公司第一季度销售额"这样的目标是很好的支撑。

表1-3　某销售总监季度OKR

O1：顺利完成公司第一季度销售额		O2：让销售团队变得更加有效率	
KR1	激活团队，确保第一季度签订1000万美元的预定合同	KR1	第一季度开始开展销售团队"活力计划"
KR2	确保每位销售经理签订400万美元的预定合同	KR2	第一季度招聘3位优秀销售经理
KR3	通过新激励措施，保证至少90%的销售团队完成指标	KR3	2月底完成销售人员能力认证项目
KR4	参加3场行业峰会，至少获取10位潜在客户	KR4	1月31日之前革新销售薪酬与奖金规定

为什么同样的事情，只是将它量化了，结果就会有很大不同呢？那是因为以 SMART 原则为基础的量化会让 KR 变得更加可执行、可追踪、可衡量，这样一来，事情就能更容易着手实施了。

OKR 对不同类型企业的作用

如果你将目标设定得过于虚幻，那么它就会变得让人无从着手。关键结果则是检测我们如何达成目标的基准，它不仅可以衡量结果，还可以告诉你如何完成目标。

高质量 OKR 的设定能让个人或团队更加聚焦。在小型初创型企业中，通过 OKR 敏捷小步试错，团队能够快速探索出正确的方向；在中等规模企业中，OKR 能够更快速地使团队明白当下需要快速做什么，以及怎么做，从而强化执行力；在大型企业中，透明、量化而具体的 KR 摧毁了各部门之间的阻断，公开透明的 OKR 体制加强了部门之间的协作与配合，具体的 KR 在这种环境下为其他部门所共享，让公司各部门的力量凝聚起来。

OKR 不是关于日常目标、简单任务或"要做的事"的清单。要想在生产力或创新方面获得飞跃，企业需要学习谷歌的"10 倍速思维"，用创新突破和指数级的 OKR 取代增量性的 OKR。这能够帮助组织离开舒适区，从而实现真正的改变。

所以说，"OKR 是瑞士军刀，适用于任何环境"。

小贴士

关键结果怎么写？

撰写格式要求：通过（做某件事），达成（某个量化成果）。

具体特征：量化；充满挑战性，激励人；具体；有流程和过程管理；能推动正确的行为。

撰写举例：通过优化流程，将客户问题一次性解决率提升 50%。

1.6 如何落地实施 OKR？

坚持不一定成功，但是不坚持一定不能成功。在企业团队推广 OKR，一定要有始有终，切莫半途而废。

OKR 的实施

在公司，要先制定公司年度 OKR，然后根据公司年度 OKR 中的 O 或者 KR 制定团队季度 OKR，最后让团队季度 OKR 中的 O 或者 KR 在员工 OKR 中承接落地。（见图 1-4）

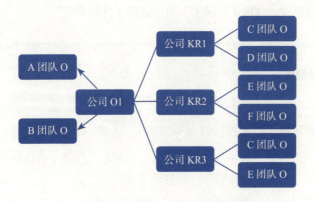

图 1-4 公司 OKR 落地关系图

这里以某公司 OKR 的分解为例，帮助读者更好地理解，如表 1-4 所示。

表1-4　公司大幅提升赢利能力的OKR

公司O：大幅提升赢利能力			
KR1： 通过实施采购招标系统，实现采购成本降低10%	KR2： 通过物流流程改革，实现物流成本降低25%		KR3： 通过季节性活动，实现收入翻倍
采购部门O：实施采购招标变革	IT（信息技术）部门O：搭建采购招标系统	物流部门O：成功实施物流改革	市场营销部门O：实现收入倍增
KR1： 2月底，完成采购招标方案制订	KR1： 3月底，完成采购招标系统1.0	KR1： 2月底，完成物流外包管理方案制定	KR1： 1月底，完成活动策划团队建立
KR2： 3月底，完成采购招标系统	KR2： 4月底，完成使用手册编制，确保新供应商使用无疑问	KR2： 3月底，完成外包商确定，标准物流成本比自有物流成本至少降低30%	KR2： 通过活动策划及复盘迭代，实现季度收入同期翻倍
KR3： 主要物料通过招标采购，实现采购成本降低10%	KR3： 通过不断迭代，实现系统月故障时间低于1小时	KR3： 5月底，完成自有车辆出售和人员重组	KR3： 活动开始5日前，完成活动相关人员培训
		KR4： 物流配送无延误	

　　要让公司OKR落地，可以通过共识会的形式，让团队成员积极沟通讨论，明确各自的OKR。再通过日常跟踪会议，团队成员

之间更新彼此的 OKR 进度，相互交流经验，提出问题，并寻求相应的帮助与支持。具体流程可见我已经出版的《OKR 使用手册》实操教学讲解部分。

小贴士

OKR 如何分解?

1. 公司的 KR 可以分解为部门的 O。
2. 部门的 KR 可以分解为员工的 O。
3. 跨部门协作需求可以成为你的协作 KR。
4. 本人可以主动提出具有挑战性和创新性的 OKR。

计划表! 打卡! 奖励!

OKR 是自我管理工具，实施的起点一般是 OKR 表格。将自己的 OKR 写在表格中，将要做什么、怎么做、做多少公开出来，给自己承诺，给公众承诺。这一点与在朋友圈 "晒计划" "求监督" 有异曲同工之妙。

还可以准备一个日历，或者在朋友圈 "打卡"。例如健身，在朋友圈晒每周减少的体重或者秀肌肉的照片，这些都是打卡的方式。

最后就是奖励，可以是自我奖励，也可以是团队领导者给队员们的奖励。OKR 本身不是考核工具，但使用娱乐化和轻物质奖励可以更好地激励团队和个人坚持并完成目标。

这里给大家提供一个 OKR 撰写模板，如表 1-5 所示。

表1-5　OKR撰写模板

OKR目标记录表		
O	KR	时间
O1：	KR1：	
	KR2：	
	KR3：	
	KR4：	
O2：	KR1：	
	KR2：	
	KR3：	
	KR4：	
O3：	KR1：	
	KR2：	
	KR3：	
	KR4：	

1.7 OKR 适合谁用? 请举手!

OKR 适合谁?

如图 1-5 所示,它不仅适合想要有所突破和创新的团队和企业,也适合所有希望实现目标的人。

图 1-5 OKR 适用者

如果你是企业创始人和 CEO,你需要使用 OKR 为整个公司制定前进的目标,实现企业的基业长青。

如果你是职场管理者,你需要用 OKR 带领团队,完成公司目标。

如果你是职场人士,你需要利用 OKR 完成你的工作业绩,成就你的职业生涯。

如果你是家长，你可以和孩子一起制定有关学习的 OKR，慢慢培养孩子坚持完成目标的毅力。

如果你是某人的先生或者太太，你可以将 OKR 视为用来获取美满家庭生活的方法和手段。

如果你是单身，哈哈，找到另一半就是你的 OKR。

如果你是学生，你可以用 OKR 制订学习计划、实习计划、就业计划。

准备好了吗？让我们一起迎接 OKR 风暴的到来吧！

2

OKR 实现
团队协作
与创新

"独木不成林，单丝不成线。"一个人的力量是有限的，在人类历史上，任何一项伟大的事业都是团队合作的结果。叔本华说："单个的人是软弱无力的，就像漂流的鲁滨孙一样，只有同别人在一起，他才能完成许多事业。"尤其是在现代企业中，绝大部分工作都不能靠一个人单打独斗，必须依靠团队的力量。

团队精神是企业真正的核心竞争力，而创新对于企业来说则是其寻找出路和生机的必要条件。一个不懂开拓创新、不去锐意进取的企业是难以在激烈的市场竞争中长存的。

OKR 是一个能帮助企业实现团队协作与创新的管理利器。

2.1　聚焦目标，实现战略落地

贵州翰凯斯 PIX 移动空间是从贵阳高新区孵化出生的本土无人驾驶创业公司，自成立以来，它一直专注于智能制造、人工智能领域前沿的创新项目。"让城市变得更美好"是该公司的愿景。

如何让这一愿景变成现实呢？刚开始，他们研发生产无人机；后来，开始研发创立智能制造工厂；2016 年时，他们发现，在现在的城市中，资源配置不平均、交通拥堵等问题给人们的生活造成很大的不便，整个城市好像成了车的天下，于是他们开始研发生产无人驾驶汽车。

他们组建了 30 人的团队，称为 PIX 无人驾驶团队。该团队的成员分别来自 11 个国家，有算法工程师、电气工程师、制造工程师等等。2018 年 3 月，该团队仅用 5 天的时间就将一辆普通汽车改造成了无人驾驶多功能服务汽车。他们还共同建立了全球第一个交警手势识别数据库。

这就是团队的力量。所谓"众人拾柴火焰高"，当大家为同一个目标而努力，将力量和智慧拧成一股绳的时候，其创造价值的潜力不可估量。

在企业中，令管理者很头疼的一个问题就是大家各自为战。团队与团队之间、团队成员与成员之间，不能很好地理解、配合彼此的工作，导致企业的业绩受到影响。想要发挥团队的力量，必须使大家聚焦目标。OKR 能够聚焦目标，将企业的战略落地，让梦想照进现实。

关联企业使命和愿景

我在《OKR使用手册》中提到，公司的发展方向，按照期限可以分为使命、愿景与公司战略和目标，其关系如图2-1所示：

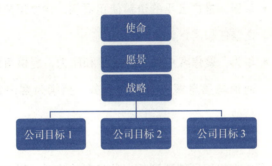

图2-1　公司目标层次

使命是组织在未来完成任务的过程，代表企业存在的理由，阐述在这样一种最终目的下，企业将以何种形态或身份实现目标，可具体定义为回答组织在社会中的身份或角色，即在社会领域里，该组织是做什么的。

使命是企业对自身生存发展"目的"的详细定位，从本质上说就是长期目标，回答的是"我是谁"和"我存在的目的是什么"的问题，时间期限可以是50年甚至100年。

以下是几个著名企业的使命：

- 福特：成为全球领先的提供汽车产品和服务的消费品公司。
- 索尼：体验发展技术造福大众的快乐。
- 迪士尼：使人们过得快乐。
- 苹果：推广公平的资料使用惯例，建立用户对互联网之信任和信心。
- 华为：聚焦客户关注的挑战和压力，提供有竞争力的通信与信息解决方案和服务，持续为客户创造最大价值。

愿景是未来组织所能达到的一种状态的蓝图，阐述的是企业存在的最终目的；它是企业发展的指引方针，是具有前瞻性的计划或开创性的目标；它是指组织长期的发展方向、目标、目的，以及自我设定的社会责任和义务。

愿景明确界定公司在未来社会里是什么样子，可以看作企业的中期目标，回答"我要到哪里去"的问题，时间可以是 5 年、10 年或者 20 年。

以下是几个著名企业的愿景：

- 苹果：让每人拥有一台计算机。
- 华为：丰富人们的沟通和生活。

- GE（通用电气）：永远做世界第一。
- 福田汽车：致力人文科技，驱动现代生活。

总的来说，愿景确立的是组织的主体、本源，使命确立的是主体的目标。

那么，如何完成使命，达成愿景呢？要做的是制定企业战略。企业战略是指企业为了实现长期的生存和发展，在综合分析企业内部条件和外部环境的基础上做出的一系列带有全局性和长远性的谋划。我们这里以华为公司为例，其战略有四个方面，如表2-1所示。

表2-1　华为公司的企业战略

华为公司企业战略	
1	为客户服务是华为存在的唯一理由；客户需求是华为发展的原动力
2	质量好、服务好、运作成本低，优先满足客户需求，提升客户竞争力和赢利能力
3	持续进行管理变革，实现高效的流程化运作，确保端到端的优质交付
4	与友商共同发展，既是竞争对手，也是合作伙伴，共同创造良好的生存空间，共享价值链的利益

那么如何让企业战略落地呢？这就需要企业根据战略制定相应的目标，也就是设定OKR。

公司战略目标必须与公司的使命和愿景相关联，既能支持公司使命与愿景，又能推动愿景与使命的实现。仍以华为公司为例，基于企业战略，华为确立了三个目标，分别是：做强管道，提高终端收入，聚焦企业。对于"提高终端收入"的目标，华为进行了分解：2016 年曾提出"在 5 年内销售收入超过 1000 亿美元"的目标；2019 年又确定了"3 年内消费者业务总量提升到 1000 亿美元"的目标。

团队高效协作

英特尔公司是世界上最大的半导体公司。1979 年，一场突如其来的危机使英特尔陷入巨大的困境。当时，摩托罗拉公司开发出 68000 芯片，这一芯片比英特尔开发的微处理器 8086 速度更快，更容易实现编程。68000 芯片一面市就迅速占领市场，而英特尔根本没有时间重建 8086 的优势。

为了应对这一突发事件，英特尔成立了专门小组，展开"粉碎行动"。他们先是召开了为期三天的会议，对比摩托罗拉，分析英特尔公司的优势，迅速制定了战略，并根据战略制定出了可实施、可协作的项目，又根据项目制订出了详细的计划。随后，这一计划很快传到销售人员那里。最后，在高层管理者、销售团队、营销部门和其他区域部门的共同努力下，英特尔用"一手烂牌"打赢了对手，重回巅峰。

英特尔在应对危机时，能够迅速转败为胜，离不开各个团队、各个部门的相互协作。谷歌创始人拉里·佩奇说："确保所有人都朝着一个方向是非常重要的。"团队高效协作是企业战略能够快速落地的重要条件。

我们处在一个快速变化的时代，几乎所有的企业都面临着层出不穷的挑战，如产品创新、客户服务和市场营销等。如何解决这些问题，使其成为机遇，对团队来说是一个巨大的考验。

但是很多企业团队在沟通时，往往会出现这样的问题：大家基于自己的经验，站在自己的角度发言，但大家意见各不相同，谁也说服不了谁，最后甚至会吵起来；有时候产生一些好的想法，却又被相关领导或者部门否决；有些人干脆闭口不言，不发表任何意见。结果一场会议拖沓冗长，不但没有产生好的创意，反而影响了大家的斗志。

为什么团队的合作如此低效？如何才能提升团队工作效率，使团队由低效走向高效，并产生解决问题的创新方案呢？我们需要一套规则来改变大家的做事方式。

这套规则就是OKR。OKR的公开透明性及可调整性，更有利于激发团队的主动性和灵活性。

在那些取得卓越成绩的企业背后，都有一支高效协作的团队。

团队是什么？团队由两个或两个以上的人组成，通过彼此协调各
自的活动来最终实现共同的目标。高效团队，则是指发展目标清
晰，完成任务后效果显著，工作效率比一般团队更高，团队成员
在有效的领导下相互信任、沟通良好、积极协同工作的团队。

　　优秀的领导者必须懂得如何打造和掌控一支高效协作的团队。
那么，高效协作的团队是什么样的？我总结了九大特征：拥有明
确的目标，相互信任与协作，通过创新达成业绩，有教练型领导，
沟通良好、高度忠诚、积极承诺、充满活力，充分肯定与赞赏，
士气高昂，有相关的技能。如表 2–2 所示。

表2–2　高效协作团队的九大特征

特征	具体表现
拥有明确的目标	目标包含着重大的意义和价值；团队成员把个人目标升华到团队目标中；成员愿意为团队目标做出承诺，清楚地知道公司希望他们做什么工作，以及他们怎样协同工作，最后完成任务
相互信任与协作	每个成员了解其他成员的工作，对其他人的行为和能力都深信不疑，并愿意积极配合其工作以达成团队共同的目标
通过创新达成业绩	能够利用有限的资源，提出创新方法和手段，创造出最佳的绩效，即团队能够制订出当时的最优方案并有效执行
有教练型领导	团队领导人对促进团队任务达成与人员情感凝聚，保有高度的弹性，能在不同的情境做出适当的领导行为，能成为团队教练，挖掘队员潜力

（续表）

特征	具体表现
沟通良好	团队成员通过畅通的渠道交换信息，包括各种语言和非语言信息；管理层与团队成员之间有透明的信息反馈机制，有助于管理者指导团队成员的行动，消除误解
高度忠诚、积极承诺、充满活力	高效的团队成员对团队表现出高度的忠诚和积极的承诺，为了能使群体获得成功，他们愿意去做任何事情；每一个人都充满活力，愿意为目标全力以赴，觉得工作非常有意义，可以学习成长，可以不断进步
充分肯定与赞赏	成员之间能够真诚地赞赏对方，使对方了解自己的感受或他对小组的帮助，这是帮助团队成长向前的动力
士气高昂	个人以身为团队的一分子为荣，个人受到鼓舞并拥有自信自尊；组员以自己的工作为荣，并有成就感与满足感；有强烈的向心力和团队精神
有相关的技能	团队成员具备实现理想目标所必需的技术和能力；有能够良好合作的个性品质，从而出色完成任务

2.2　高效团队第一关：目标一致提升协作性

很多企业管理者喜欢大谈战略，在办公室贴满口号。他们认为自己的职责只是制定战略，而让战略落地则是员工做的事，其实这是眼高手低的表现。对于企业来说，让战略真正落地是一件很难的事，这往往是因为中层、基层管理者，甚至包括整个高管团队，对实现战略的目标一致性认同不够。

公司目标的制定可以采取"自上而下"和"自下而上"相结

合的方式。所谓"自上而下"，即先由公司制定企业年度 OKR，再分解为企业季度 OKR；各个部门根据企业季度 OKR 制定部门的季度 OKR，再落实为员工季度 OKR。而"自下而上"，则是由员工本人提出 OKR，这样更加反映员工本人的想法和创新，主管看了或许还可以补充部门的 OKR；同样，部门也可以先制定 OKR，公司可以据此考虑是否需要在公司 OKR 中补充部门的想法。目标要少而精，最多 5 个，每个目标下面最多有 4 个关键结果。

不管哪个层级先制定，最终大家汇总，达成一致意见。部门的目标一般来自三个方面：一是上级自上而下分解的目标；二是部门之间的协作要求；三是各部门在根据自身情况和外部环境分析可能达成目标之后，自己提出的创新与挑战型目标。

在制定团队目标时，我们需要反思以下几个问题，如表 2-3 所示。

表2-3 团队目标一致性问题列表

序号	问题
1	组织当中共有多少目标？哪一项最重要？
2	团队目标与组织目标一致吗？
3	目标可衡量吗？
4	团队要实现最重要的目标大约需要多少时间？
5	目标是否具有足够的挑战性？
6	目标的负责人是谁？目标的最高支持者是谁？

（续表）

序号	问题
7	下属或者部门员工是否了解目标？他们如何理解"最重要的目标"？他们是否知道自己当前所做的事与"最重要的目标"有关联？
8	目标是可以独立完成还是需要其他团队协作？需要哪些团队协作？
9	周边伙伴是否都了解目标的意义？理解是否一致？

　　目标要上下对齐、左右协同。上下对齐，保证团队目标与公司层面的 OKR 保持一致；左右协同，保证团队目标与其他所要依赖的团队的目标能够协同。

　　团队从一开始就将目标与企业使命、愿景和战略相关联，从长远来看，是非常明智的。通过"自上而下"和"自下而上"的方式制定目标，使所有参与者都能与组织目标实现真正的连接。将精力聚焦到最重要的目标上，团队成员不会再为注意力的分散而苦恼，这有利于提升团队的执行力和实现整体目标。

　　表 2-4 是某公司团队相互协作的 OKR。

表2-4　团队协作OKR

O：公司OKR系统成功实施落地	
KR1	12月底前，IT部门实现OKR管理系统上线
KR2	上线前2周，人力资源部门完成使用系统指南发布与培训
KR3	上线后1个月，研发部门完成两轮用户满意度测评，达到4分以上（5分制评估）

2.3　高效团队第二关：目标透明提升协作性

很多人都是通过谷歌公司经理发布的视频才了解到 OKR 的，这位经理就是谷歌风投合伙人瑞克·克劳，他曾负责 YouTube 网站主页。

如果有同事想在 YouTube 上传一段关于他们研发出的新产品推广视频，他可以通过谷歌公司的内部信息平台查看克劳的 OKR，了解克劳在当季度的工作，再考虑如何与 YouTube 团队协商这件事。

在谷歌公司的内部信息平台，上至 CEO 拉里·佩奇，下至每一个基层员工，他们的 OKR 都是公开的。每一个人都可以通过该平台检索到其他同事的 OKR，包括以往 OKR 的实施情况及当前 OKR 的实施进度。当某一位员工想要晋升时，人力资源人员只要查看一下他过往的 OKR 成绩，就能对他为公司做过的贡献了然于胸。

将目标透明化，所有人都能知道其他同事以前做过什么，现在正在做什么。这样不但能够产生群体监督的作用，也方便跨部门项目团队的管理。公开透明是 OKR 的核心特征，也是其制胜法宝。

OKR 制定透明：目标达成共识

首先，在制定 OKR 的过程中，需要召开讨论会，也可称为共识会。公司共识会的参与者主要是公司 CEO 和高管团队，所要讨论的议题为：根据公司的年度战略，我们需要设置哪些公司和部门的重要目标，这些目标之间的关联性和支撑性如何？所有的 KR 是否能够支撑目标的实现？O 和 KR 是否具有挑战性，完成信心指数是多少？部门之间的协作与配合是否一致？

在共识会中，大家坦诚沟通，就上述议题达成共识，可以让各部门之间能够更加清楚彼此的目标及设定目标的背景，也可以使他们在执行 OKR 的过程中更加具有方向和明确的行为要求。

在共识会后，部门根据共识会的相关要求对团队 OKR 进行修改和更新。之后由部门负责人向员工发布部门的 OKR，再通过一对一的沟通方式或者部门会议的形式来确定员工个人 OKR。

执行透明：定期分享目标进度

在 OKR 执行过程中，团队间的沟通可以采用我在课堂上教授的"洋葱会议"法则，每半年开一次半年会，每季度开季度复盘会，每月开月度总结会，每周开每周进度汇报会，每天开站会等，像剥洋葱一样，通过深入沟通，逐步剥开部门、团队、团队成员的内心，如图 2-2 所示。

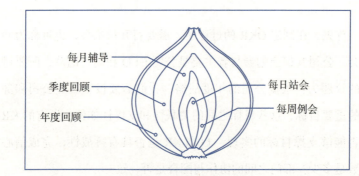

图 2-2　OKR 洋葱会议

例如，每天站会，可以是每天早上用 15 分钟的时间，团队成员站在一起，对着写有 OKR 或者工作进度的看板，每个人轮流向大家汇报，如图 2-3 所示。

图 2-3　每天站会白板模板

通过"洋葱会议",所有信息都对 OKR 的全体参与者公开,所有人的目标都能公开接受监督、批评和纠正。这样,大家都将自己的日常工作行为与公司使命、愿景和部门大目标/本人小目标联系起来。通过有效的沟通,彼此之间的关系进一步加深,我知道你在做什么,你也知道我在做什么,这样避免了因为信息不透明而导致猜疑、推诿等矛盾的产生,有利于让团队保持协同。

公开透明是 OKR 方法的核心特征。如果不能实现公开透明,那这样的 OKR 可能就不是真正的 OKR。OKR 的公开制定、协同执行会带来以下几种效果:一是形成公众监督力,对员工起到督促作用,激发员工的内在驱动力;二是让员工看到组织、团队的目标与自己目标的关联度,使其感受到自身工作的价值和意义,有利于增强员工的主人翁意识,提升其敬业度;三是组织间的信息公开与共享,能够促进团队的相互协作,使他们能够更加积极、迅捷地应对变化。

目标透明化,使各个部门之间的信息交流和沟通加强,能够有效促进员工之间的协同、提高工作效率,这将会为组织带来巨变,有利于实现企业的健康、快速发展。

小贴士

让 OKR 公开透明的五种方式

1. 贴出来。在公司准备一块白板，将公司、团队和个人的 OKR 写出来，然后贴在白板上，形成 OKR 看板。

2. 讲出来。在公司的各类会议中将 OKR 讲出来，进行公开承诺。

3. 发出来。将所有 OKR 汇总并通过邮件公开发送给所有员工。

4. 使用软件。通过 OKR 软件、钉钉或者微信群等公布 OKR。

5. 利用企业内网。所有员工都可以通过公共文件夹了解到其他同事的工作内容、工作进度及评分。

2.4 高效团队第三关：用 OKR 实现创新突破

20 年前，刚刚起步的亚马逊只是一个微不足道的小网站，其服务用户的数量跟今天相比，简直小巫见大巫。当时的亚马逊网站由一个"在线书店"程序和一个单体大型数据库驱动。这种模式大大限制了亚马逊的速度和敏捷度，因为每当要增加一个新功能或提供一个新产品时，整个程序的代码都要重新编写。这是一个需要各业务部门人员相互协调的复杂过程。

于是亚马逊重新调整了系统应用架构。为了支持这一新架构，亚马逊改变了小组的模式，将团队重组为小型、自治的小组，称为"双比萨团队"，每一个小团队都负责一个具体的产品、服务或者功能。这样一来，各团队就有了更多的权限，能够以更快的速度为顾客带来创新。现在亚马逊每年都能部署数百万项新功能上线。

有创新才能有发展，亚马逊的快速发展离不开"双比萨团队"的创新。

被称为"硅谷教练"的比尔·坎贝尔说："如果公司做不到持续创新，它们必将走向灭亡——请注意，我说的是创新而非重复。"**OKR**能够激活团队，实现组织的持续创新与变革。

OKR：敏捷组织的最佳选择

在脸书工作，只要你有想法、想做事，没人会拦着你。所以公司涌现了很多新产品、新尝试，比如阅读器应用 Paper、新款聊天应用 Slingshot、聊天室应用 Rooms 等等。

而从团队来讲，员工个人可以自主选择加入哪个敏捷团队。根据工作需要，有些敏捷团队会共事一两年，有些几周就会解散。员工可以自行选择下一个项目做什么。

脸书的"黑客月"（Hackamonth）机制，就是员工自己提议的。根据这一机制，每个员工每个月都可以去另一个项目团队体验工作。体验之后，如果喜欢，就可以选择留在这一项目；如果不喜欢，可以选择加入其他项目。

这就是充分的授权与尊重，也是敏捷组织的重要优点。

宝洁公司 CEO 罗伯特·麦克唐纳形容这个时代："这是一个 VUCA 的世界。"VUCA 时代主要有四个特征，分别是：动荡，无常，复杂，模糊。（见图 2-4）

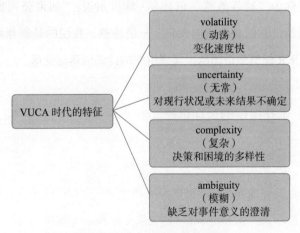

图 2-4　VUCA 时代的特征

要想在动荡无常、复杂模糊的 VUCA 时代取得成功，必须学会与变化共舞。敏捷组织，是未来组织发展的方向，是应对当前 VUCA 时代的有效的方式。

什么是敏捷？敏捷在于能够迅速地感知环境并能快速地应对。而敏捷的基础，一定是公开透明，实现信息共享，这也是敏捷组织的关键特征之一。

信息透明是为了员工能在新的、多变的组织形式下找到方向，不至于迷失目标。敏捷组织要尽力让所有能公开的信息都公开，让每一个员工清楚了解组织当前的优先任务是什么，要如何完成这些任务，员工个人的工作和整个组织的前进方向有什么关联，这是非常重要的。

OKR，是形成组织敏捷的基础。在 OKR 的制定和执行过程中，无不体现着公开和透明原则。在 VUCA 时代，一切都具有不确定性。企业必须大胆变革，积极拥抱变化，才能更好地适应市场和时代的不确定性。

OKR 促进企业创新突破

企业创新有两种类型：颠覆性创新和微创新。

颠覆性创新也是破坏性创新，是指通过新技术的革命性变革，让产品更简单、更便宜、更方便，从而自底层往上颠覆和瓦解原有的产品。

微创新也称为持续创新，是企业在市场、原材料、技术、工艺、组织等方面持续不断地进行创新的过程，在这一过程中，企业的各种生产要素相互联系、相互耦合，共同形成一个综合性的、具有强大功能的企业持续创新系统。那么，如何通过 OKR 实现创新呢？我们从以下三点讲。

首先，目标（O）的创新，是指从 0 到 1 的突破，做以前没有做过的事情。

哈佛大学的克里斯坦森等人为了研究个人如何形成颠覆性思维，对创新人才进行跟踪研究，最后他们得出这样的结论，要形成颠覆性创新思维，个人应该具备以下特质：

- 善于对现状进行质疑；
- 善于观察新信息；
- 善于交际互动获取关键需求；
- 善于试验探究新想法、新思路的可行性；
- 善于联系整合各类看似不相关的信息。

我的一个客户的部门经理的颠覆性创新 OKR 案例如表 2–5 所示。

表2-5　打造爆款产品OKR

O：打造一款从0到1的突破性爆款产品	
KR1	通过创新产品体验设计，让免费版本的日活跃用户达到50万
KR2	通过价格优惠，让付费用户转化率达到5%
KR3	通过5个新媒体传播，让口碑指数达到90

　　其次，关键结果（KR）的创新：承接公司目标，找到实现目标的创新路径。用以前没有实施过的方法和手段，更好地达成目标。

　　关键结果的创新其实是一种微创新。微创新就是在工作中产生的各类小创新、小技巧、小实践，用来改善工作中的问题，比如提升工作效率、产生经济效益、节约成本、优化流程等。微创新必须是基于实践、经过验证的，有带来正向成功和增量变化的效果。传统企业的持续性创新属于微创新。

　　飞亚达电商团队的战略决策和计划都是自上而下推动，基层员工没有决策权，参与感不强。在这种情况下，无法充分释放团队活力。飞亚达公司于是组建七人跨部门创新小组，策划了一场微创新电商活动。

　　活动征集的创新点主要针对三种情况：工作中一些长期

存在的悬而未解的问题；工作中产生的未得到好的落地的想法；需要集思广益，得到大家帮助的问题。大家可通过各种渠道参赛，包括邮箱、QQ 群、EKP（企业知识门户）微创新栏目等。活动目的在于通过线上有吸引力的个性化服务，吸引顾客购买或者到门店体验。

这次微创新活动在 14 天内收到 146 个作品，有来自销售公司、亨吉利的导购，也有来自制造科技班组员工。

我的一位人力资源学员的持续创新 OKR 案例如表 2-6 所示。

表2-6　持续创新OKR

O：提高招聘效率，引入一流研发人才	
KR1	绘制首份全国XX专业研发人才地图
KR2	制定新的内部推荐奖励政策，本季度内部推荐研发人才10名以上
KR3	找到2个新的专业渠道，5个新的免费渠道搜索人才
KR4	使用新测评工具，获取合格研发人员简历数达到100份

我们鼓励每一位职场人士设计自己的创新 OKR，每个季度一个，挑战自己。

再次，OKR 也是创新型问题解决方法：O 就是我们面临的问题；KR 是我们设计出来的解决方案。

下面我们为大家推荐 OKR 与创新融合的三个工具，包括设计思维、世界咖啡、思维导图。

斯坦福设计思维

假如你拥有设计思维（design thinking），那么你就容易撰写出在工作中的创新性 OKR。设计思维源自斯坦福大学，它是一套完整的进行创新思考的方法论体系。IDEO 设计公司总裁蒂姆·布朗（Tim Brown）说："设计思维是以人为本地利用设计师的敏感性及设计方法，在满足技术可实现性和商业可行性的前提下，来满足人们需求的设计精神与方法。"即使我们不是设计师，我们都可以在自己的岗位上尝试一下设计思维，为工作提供创新的可能性。

简而言之，设计思维有两大核心理念：以人为本的设计和同理心。如图 2-5 所示，设计思维的运用有五个步骤：同理心（empathy）、定义（define）、创想（ideate）、原型制作（phototype）和测试（test）。

图 2-5 设计思维五步骤

第一步：同理心，收集用户的真实需求。可以通过以下方式对用户进行研究：

- 组建小组进行调查；
- 利用 APOEM① 工具进行观测；
- 利用（问答形式）实地采访；
- 通过社交网络等监控交互效果；
- 通过体验法成为用户，切实感受用户需求。

第二步：定义，分析收集到的各种需求，提炼要解决的问题。透过现象看本质，找到问题的关键：谁? 有什么需求? 我发现了什么?

第三步：创想，打开脑洞，创意点子越多越好。我们可以利用头脑风暴，发散思维；也可以利用思维导图，将所有的想法进行分类和连接。

第四步：原型制作，动手把脑海中的想法制作出来。将心中所想创意用纸笔画出来，也可以利用橡皮泥、乐高、纸板、塑料、泡沫等等，制作出产品的模型。

---

① APOEM: A（actions），活动；P（people），人；O（objects），物体；E（environment），环境；M（messages），信息。即观测到什么人，他们在做什么，使用什么工具，人们之间如何交流，周围的环境怎样。

第五步：测试，优化解决方案。做好原型之后，拿给用户体验，并留心观察，是否还需要进一步改进。

设计思维通过五个步骤的循环往复，使解决问题的方案更加成熟，更加贴合用户的需求。它与传统的解决问题的思路有所不同，不是"发现问题—分析问题—解决问题"，而是引导我们以"人的需求"为中心，通过团队合作的方式，依靠洞察加上直觉，寻求机会点，来满足客户需求，解决问题，并获得创新。

我辅导的一家创新与研发中心利用设计思维撰写的 OKR 如表2-7 所示。

表2-7 设计思维OKR

O：探索饮品市场，识别机会点	
KR1	6月完成饮品市场桌面研究，输出研究报告
KR2	7月发起一项饮品市场定量研究，回收至少500份有效样本
KR3	8月通过参加至少一场共创，提出至少4个概念原型
KR4	12月底至少有一个方向/原型进入RCDP（产品研发管理内部评审阶段）

世界咖啡

世界咖啡，是由国际组织学习学会的朱安妮塔·布朗与戴维·伊萨克在合著的《世界咖啡》一书中提出的概念，我们可以用它来作为撰写 OKR 的创新小工具。世界咖啡是一种高效协同工具，指的是将不同背景、不同观念的人通过朋友聚会的形式聚在一起，通过多小组会谈的形式进行真诚的交流和轻松的畅谈，并借由小组成员的更换，使所有人之间的想法能够彼此联结。经过思想的碰撞产生火花，最终形成集体智慧，实现创新与突破。

世界咖啡的具体流程如下（见图 2-6）：

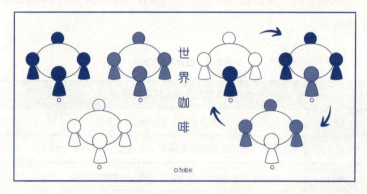

图 2-6 "世界咖啡"流程图

（1）将参与世界咖啡研讨的人分成若干小组，每组 4~6 人，各小组分别围绕会场或者教室中的圆桌而坐。选出一名组长，由组长宣布研讨 OKR 的制定，组员独立思考之后，轮流发言，然后进行质疑和反思，展开深度汇谈。最终用文字记录下本小组 OKR。时间为 30 分钟。

（2）所有小组成员换桌而坐，组长不动，与新组员探讨本组OKR。时间为 15 分钟。

（3）所有人回到原来的桌子，各自汇报其他桌的讨论内容，并借此对本组 OKR 展开深入思考与探讨。时间为 15~20 分钟。

（4）由组长总结所有探讨结果。将深度汇谈结果分别汇总并写到一张纸上，然后张贴到一面墙上，让所有人一起检视并探讨共同点，提出新的观点，最后根据讨论结果修改本团队 OKR。时间约为 15~20 分钟。

华为的某个技术团队就是通过世界咖啡的形式讨论 OKR，最后团队共收集有效意见和建议 67 条。所有员工参与团队目标制定，极大提升了 OKR 的挑战性。

思维导图

思维导图，又叫心智导图，是表达发散性思维的有效图形思维工具。它简单却又很有效，是一种实用性的思维工具。思维导图是很好的 OKR 撰写工具，因为它可以将各级主题的关系以相关层级图的形式表现出来，这与 OKR 中目标与关键结果的隶属关系有异曲同工之妙。

以我辅导的一家保险公司为例，如图 2-7 所示。

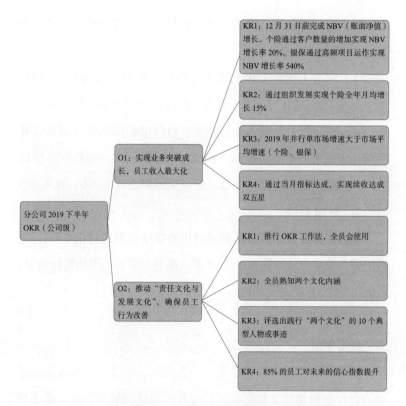

图 2-7　某保险公司 2019 年下半年 OKR 思维导图

2.5　OKR 实现高效远程协同办公

2020 年初，为抗击新型冠状病毒肺炎疫情，1 月 27 日国务院办公厅发布《关于延长 2020 年春节假期的通知》，春节假期从 1

月30日延长至2月2日。上海、重庆、广东、江苏、浙江等多省市发布关于延迟企业复工的通知，宣布各类企业不早于2月9日（正月十六）24时前复工。许多互联网公司如阿里巴巴、腾讯、百度、今日头条、京东等也发布复工通知，2月3—7日在家办公，2月10日上班。

许多公众号纷纷开始关注"在家办公"，甚至给出了在家办公的行动指南。许多提供远程办公工具服务的企业也开始助力"在家办公"行动：

1月27日，飞书（字节跳动）宣布在2020年1月28日至5月1日期间，将向所有用户免费提供远程办公及视频会议服务；

1月28日，企业微信（腾讯）发布免费远程高效办公指南，紧急将视频会议人数升到300人；

1月29日，钉钉（阿里巴巴）正式对1000万家企业组织发布了支持"在家办公"的全套免费解决方案；

……

面对"在家办公"这种新的方式，我们该如何应对呢？

远程办公

在家办公，顾名思义就是不需要到固定工作场所而在家进行工作。这好像违反了我们的常识：在家工作算上班吗？

在我们的观念中,"上班"是工作的标识。"上班"这个词就代表从生活场所(家)到工作场所(办公室)的转换,正是这个转换将生活与工作区分开来。在家工作,能分清工作和生活吗?

其实,"在家办公"并非一个新鲜的概念。我们回归概念,在家办公属于远程办公(remote work),是远程办公的一种形式。我们在实践中随时可以发现许多远程办公的场景:

宝洁,员工每周自选一天在家办公;

字节跳动,人才在哪里就在哪里设立办公室;

跨国企业,员工处在不同时区,工作时间不同;

企业中,销售人员、现场服务人员不需要进入办公室;

管理者大部分时间在外出差,但也在处理工作;

……

这些都是远程办公。在家办公只是远程办公的一种特定形式而已。

远程办公有以下两个典型的特点:

(1)团队成员不能随时随地进行面对面接触(对沟通协作的挑战);

(2)管理者不能随时随地"看到"员工(对管理控制的挑战)。

除了在特殊情况下必须选择远程办公外,远程办公的出现还有其他原因吗?

（1）地产价格增高，房租成本快速增长。在家办公可以显著减少公司运营成木。

（2）交通压力大，通勤时间过长。上海员工平均通勤时间为54分钟。2017年，剑桥大学等机构调查显示，通勤在1小时以上的上班族抑郁概率高出平均水平33%，产生与工作相关压力的风险高12%，每晚睡眠时间不足7小时的可能性高46%。

（3）人才竞争压力。企业对人才的争夺，开放式人才的合作和多样化用工，要求企业满足人才的需求。

（4）可提升员工满意度。提供更灵活的工作时间，让员工实现工作与生活的平衡，很多员工宁愿放弃一部分薪水，而选择灵活的工作方式。

在疫情面前，远程办公好像是一种逼不得已的选择。但实际上，这是一种可选的方式，甚至是一种趋势。

为了缓解2020年奥运会期间的交通压力，日本政府于2019年在东京试行"在家远程办公"计划，日本约有60万人参与该计划，在家办公。

也有许多企业主动实施"远程办公"政策。根据调查机构Global Workplace Analytics的一项研究，自2005年以来，远程工作者增长了140%。远程办公在过去10年中增长了115%。在美国，有430万人至少有一半时间在家工作。

但是很多企业都会有一种担心：远程办公，会不会降低产出？

员工没有被"看见"，可能没有将时间投入工作中；管理者不能随时指导、纠正员工的行为。

其实我们要的不是工作时间，而是"精力的投入"和"产出的增加"。

携程网曾进行了 9 个月实验，研究"在办公室办公和在家办公的效率对比"。研究人员发现：在家工作的员工的工作效率提高12%，其中 8.5% 来自更长的工作时间（主要原因是更短的休息时间和更短的病假时间），3.5% 来自每分钟更多的工作量。研究人员认为原因在于更安静的工作环境。

远程办公并不会必然导致产出降低，甚至可能会提高产出，原因在于：

（1）远程办公可能增加工作时间。由于工作时间灵活，员工可以自由安排工作的结束时间。当员工对工作任务全神贯注时，他们可能不会考虑办公场所、通勤的限制，自主决定结束时间。

（2）远程办公使精力聚焦。在办公室，我们的工作时间有太多可能被划分成一个个小块，我们随时会被电话、其他人的请求打断。但远程办公会使我们将时间用于处理一件工作，更加高效。

（3）远程办公提升自我管理能力。在没有管理者监督的情况下，工作产出的要求会让员工加强自我管理能力的修炼，让自己更关注产出及对组织的贡献。更重要的是，让员工思考自己的职业，了解自己的角色价值和能力兴趣，找到自己的定位，提升能力和敬业度。

随着个人计算机的发展，远程办公开始出现。随着技术的发展，智能手机、在线沟通协作工具、云与5G使远程办公的可能性提高。人才竞争的激励，人们对职业的认识和生活观念的变化，会使远程办公的必要性增加。

远程办公管理模式

虽然"远程办公"是趋势，但对我们来说不是简单改变一下工作形式就可以了，更重要的是要建立对应的远程办公管理模式。对于现在提出的"在家办公"也一样，需要配套相应的远程办公管理模式。

企业建立远程办公管理模式，需要关注四个关键要点。

心态准备

组织

现行的大多数管理工具、流程和方法都建立在"控制"的基础上，需要通过奖励和惩罚来引导员工的行为。这种方式，需要管理者能"看见"员工，远程办公管理就很难适应，怎么办？

我们要转变管理思维，相互信任：

管理者需要信任员工，相信员工能够对工作负责，能够进行自我管理，而不是想方设法逃避工作；

员工需要信任管理者，相信管理者能够客观、公平地评价自己，而不是对管理者投其所好，当面表现；

同事需要信任彼此，相信协作的要求能得到满足，彼此会相互帮助，而不是互相推诿、争斗。

这种信任，需要高管有开放心态，相信"信任"的力量。

在开始前，我们可以尝试进行一些自我对话：

- 过去，我（员工）是靠别人监督才会自主工作的吗？
- 过去，我（员工）离开公司一段时间后，工作产出明显下降了吗？
- 现在，对于那些优秀的部门或员工，我（管理者）监督指导得多吗？

管理者

管理者需要做好准备，看看自己是否做到：

- 能够开放地接受尝试，并能承担失败；
- 与员工建立了清晰的共同期望；

- 形成了畅通的团队沟通渠道；

- 及时给予员工认可和反馈；

- 依据产出 / 贡献而非态度来评估员工；

- 能够公正给予员工评价及激励。

员工

员工也要时刻对自己进行评估：

- 我靠谱吗？我能做到"凡事有交代，件件有着落，事事有回音"吗？

- 我能有效管理时间吗？

- 我能自主解决问题吗？

- 我能积极有效地与他人沟通吗？

资源保障

远程办公也需要配备相应的资源予以保障，主要包括以下几方面。

远程访问：提供远程访问的通道与权限，使员工能够访问公司数据库、专用系统软件。当下，可以通过远程服务器、云部署来实现。

即时沟通：提供在线聊天、在线文件交换、在线会议工具，保持沟通便捷。当下，企业微信、钉钉、飞书系统都可以实现。

共享文档：提供文档共享工具。当下，云盘、飞书、腾讯文档、石墨文档等很多工具都可以实现。

任务管理：提供目标与任务的管理、公开、跟踪等功能的工具。当下，明道云、Jira 及其他 OKR 工具都可以实现。

但以上所有的前提，是员工应该拥有一台安全的笔记本电脑。

目标管理

传统办公，可以依靠任务和管理者移动管理来实现。但远程办公管理就很难依靠这个机制来处理，OKR 可以很好地进行目标管理。OKR 目标管理与远程办公管理背后的思维是一致的：信任员工，依靠员工的自我管理。

我们提出的 OKR 落地模型，可以很好地在远程管理中进行应用，以下 OKR 管理会议完全可以通过选择"在线方式"实现。比如，结合疫情的发展状况，我们推荐进行每周 OKR 管理会议，这样能更加敏捷地应对实时变化。

OKR 在线共识会

如果没有制定 OKR，可以先进行 OKR 在线共识会。员工根据团队和组织目标，制定自己的 OKR，明确一定周期的关键事项与主要产出。然后，通过目标透明共享、团队会议，讨论 OKR，实现 OKR 上下对齐、左右拉通。OKR 在线共识会最关键的是，建立员工的目标感，让员工对目标负责。

在线 OKR 回顾会议

在远程办公管理中，OKR 回顾会议非常有效，可以有效进行进度管理，让管理者放心，让员工聚焦在工作上。它实现了从时间管控过渡到产出管理。

我们提出的"洋葱会议法"可以简单调整如下：

在线日会：每日选择固定的时间，如早上 9 点，团队每个员工通过钉钉群 / 企业微信群 / 在线协作软件向大家介绍，自己昨天完成了什么工作，今天计划做什么工作，有什么困难或挑战。

在线周会：每周五，每个队员更新下周工作计划，以使计划 / 任务能更好地推动目标与关键结果的进展。在周会中，队员需要回顾本周工作完成状况和下周工作计划，而管理者可以进行反馈，包括过去一周对队员工作的认可或建设性反馈、任务优先级的调整建议、基于目标成功的讨论。当然，在会议上，也可以进行团队协作讨论和团队智慧共享。也可以对 O 或 KR 进行调整甚至修改，也可以重新调整优先级和资源，以更好地支撑团队和组织目标的实现。每周在线 OKR 回顾会议最关键的是建立员工的责任感，让员工靠谱。

在线 OKR 复盘会议

如果一个周期结束后，还需要实施远程办公，也可进行在线OKR 复盘会议。员工对自己的 OKR 进行评价和复盘。通过会议，向团队汇报 OKR 完成情况，反思本阶段的亮点、不足，并在实践中学习。在线 OKR 复盘会议最关键的是，提升员工开放性，让员工不断成长。

在线会议注意事项

召开在线会议需要注意以下几点：

- 计划好时间安排，让所有参会人安排好时间（防止被打扰）。
- 要求准备好技术指引（网络、沟通工具、发言时注意事项）。
- 确定文档共享方式。
- 确定会议记录者。

以 OKR 目标管理为核心，建立远程办公管理的目标管理机制，是每家企业当下最紧急的任务。

赋能支持

员工转变工作方式，也需要组织建立起赋能体系，人力资源部门在远程办公管理中可发挥重要的作用，通过指引、活动、跟踪等方式，对员工赋能，帮助员工去应对变化带来的挑战。我们建议人力资源部门可以围绕以下主题，在本阶段组织在线培训或在企业公众号发布指南：

- 如何在家建立一个工作环境，实现工作仪式感？

- 如何不分心？如何避免被打扰？

- 如何分开工作与生活？

- 如何更好地离线管理工作？

- 如何与同事进行有效的在线沟通（邮件 / 电话 / 在线语音 / 留言等）？

- 如何与上级进行有效的在线互动（邮件 / 电话 / 在线语音 / 留言等）？

- 如何让客户保持信任？

- 如何保持身体健康？

- 如何使自己不孤独，保持心理健康？

当"在家办公"成为我们的必选项，企业要抓住这个时机，尝试建立远程办公管理模式。

对于企业来说，远程办公管理模式可以：

（1）作为企业管理体系的备份，以及危机应对方案。

（2）作为搭建虚拟团队、敏捷团队的基础。

（3）作为降低企业成本的一种可选方式。

（4）作为人才竞争与吸引人才的一种有力法宝。

（5）更重要的是，通过"远程管理"实践提升员工自我管理能力，推动从任务管理到产出管理，从任务思维到价值思维的转变。

在建立远程办公管理模式过程中，企业要关注以下两方面。

（1）产出的变化：选择可以明显衡量产出的工作，比如软件开发、在线销售等，确定关键指标，并跟踪这些指标，发现是否有变化。

（2）管理的变化：通过访谈或调查等方式，评估员工的自我管理、团队沟通、团队协作等要素，发现是否有改变。

我们不仅需要评估这些变化，还要深入分析变化的原因，调整和完善远程管理模式。

企业将面临新环境下的挑战，希望 OKR 管理模式可以帮助企业进行远程办公管理。

2.6 培养管理者成为 OKR 教练

唐经理是某公司的全国营销经理，他经常跟他所负责的专卖店的员工进行交流，谈话内容都是这样的：你怎么看待这份职业？你觉得自己是为谁工作？每当有人回答是为老板工作的时候，他就会帮他们理清思路：打工是你生存的需要，而职业则为你提供了一个饭碗，所以你是在为自己工作。接着唐经理还会逐步引导员工往长远看：你未来想达到什么样的目标，你的现在和未来存在哪些联结。

通过和员工的问答对话，专卖店员工变得积极了，会主动承担责任，有些话也敢说了。由于员工的思想发生了很大改变，专卖店的业绩也一次又一次实现了突破。

唐经理运用的就是"教练"的智慧。我的导师玛丽莲·阿特金森博士是成果导向的教练模式的创始人，她对"教练"给出这样的定义：教练是一个自我发展的独特过程，通过进行有力的提问，关注未来，与一个客户或团队建立同盟关系，寻找以问题解决为焦点的行动步骤，而不是采取给建议的工作方式。

什么是OKR教练？我认为，OKR教练就是在管理团队时，用OKR方法制定工作目标，并且运用教练技巧，启发队员挖掘潜力，克服困难，实现目标，为团队和个人业绩做出贡献的管理者。

企业引入OKR之后，我希望管理者都能成为OKR教练，持续推动OKR的落地与目标的达成。

有力提问的三个层面

柳传志曾给杨元庆写过一封信。在信中，柳传志表达了他对杨元庆业务能力的认可，还建议杨元庆进一步反思自己的优点和缺点，以迈向"更高的台阶"。这封信以两个问题结束："你是不是真的吃得了这份苦，受得了这份委屈，去攀登更高的山峰？你自己反思一下，如果向这个目标迈进，你到底还缺什么？"

柳传志以教练的方式引导杨元庆聚焦目标，面向未来，鼓励他为未来做好充分的准备。懂得如何发问，才能引导员工觉察问题出现的原因，找出解决问题的方法。安迪·格鲁夫认为，管理者与下属的谈话可以"提升下属的工作质量，90 分钟的谈话可以影响下属两周的工作效率"。

在与员工沟通时，管理者扮演 OKR 教练角色，谈话应该是开放式的双向沟通，提出的问题应当是中立的、有方向的和有建设性的。

那么，管理者应该如何成为 OKR 教练？我建议可以从三个层面入手：

第一，帮助员工找准方向，设定目标，制定 OKR。

目标不明确往往是员工的绩效不能达到领导预期的重要原因。在日常工作中，员工们面临着太多的选择，不知道什么是最重要的；受到外界的影响，不能专心工作，无法聚焦目标；在工作中受到挫折，不能坚定信念……

作为 OKR 教练型领导，我们可以通过五个计划性提问帮助员工聚焦目标：

- 你想要什么？

- 你怎样得到它？

- 为什么它很重要？

- 如何知道自己已经实现目标？

- 这是你想要的吗？

问清楚这几个问题，我们就可以帮助员工制定适合他的OKR。

第二，检查进度，帮助员工制订改善计划。

作为管理者，除了要跟员工一起展望未来，更需要关注目标达成的过程，与员工进行前瞻性的对话，分析问题产生的原因，引导员工制定改进措施。

对话主要围绕几个问题：

- 你目前正在做什么事情？你做得怎么样？还可以做些什么？

- 你的OKR进展得怎么样？在工作中是否遇到阻碍？需要我怎样帮助你实现目标？

- 关于你的目标，我需要提供什么帮助？

第三，引领员工看到愿景，发挥潜能，战胜倦怠心理。

达成目标的过程，就像是爬山的过程，人们总会因各种各样的原因而产生倦怠心理。管理者如果将愿景视觉化，让员工看到未来的画面，就能够拓展员工的视野，提升其继续奋进的动力，使其能够坚定战胜困难的信心，持续前进。

如图 2-8 所示，我们可引导性提出这些问题：

- 如果成功，是因为你做了什么？
- 如果做好了，你会看到什么？听到什么？感受到什么？
- 如果成功了，你的领导如何评价你？你的同事如何看待你？你的家人如何对你说话？

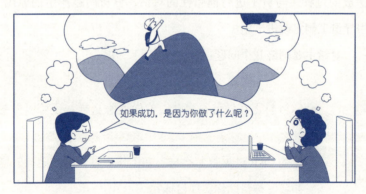

图 2-8　引导员工思考问题

下面我向大家推荐全球教练都在使用的 GROW 模型，基于这个模型，我为 OKR 教练设计了问题库，供大家提问时参考。

GROW 模型

GROW 模型是目前最著名和最常用的教练对话模式，概括了教练对话的全部内容和流程。

G（goals），目标：就可以衡量的成果或结果达成一致，设置挑战目标（O）。

R（reality），现状：描述当前情况，探索深层原因，发现事实真相。

O（options），选择：选择行动所需的心态，找出所有可能的方案，选择最有效的方案。

W（wrap up），行动计划：讨论可能的影响／障碍，制订行动计划，确定、支持、跟进、核查要实现的目标（KR）。

OKR 教练 GROW 模型问题库参考，如表 2-8 所示。

管理学大师肯·布兰佳说："我认为每一个人都想要出类拔萃，领导者的职责就是发掘诱导出下属优秀的底蕴并且创造出一个使下属觉得有安全感、能获得支持的工作环境，使下属愿意全力以赴去达到重要的目标。这种责任是一种神圣的信赖，不可轻易背弃。引导他人发挥其最大潜能，是极其光荣的任务，不可等闲视之。身为领导者，我们的手中掌握着他人的命运，这双手应当动作轻柔，送上人关怀并且随时准备提供支持。"

表2-8　OKR教练GROW模型问题库

对话步骤	OKR教练可以选择的问题
G（goals）：通过对话，确定本阶段挑战目标（O）	1. 本年度/本季度/本月，你希望达到什么目标？ 2. 这个目标为什么对你这么重要？ 3. 为什么你希望设定这样的目标？ 4. 这个目标的价值是什么？ 5. 当这个目标达成，你会成为怎样的自己？ 6. 你的目标达成，还有谁会受益？ 7. 你怎么知道你达到目标了？如果达到，你会看到什么？听到什么？感觉到什么？ 8. 对于这些结果，你个人有多大的控制力或影响力？ 9. 你想具体在什么时候达成这个目标？ 10. 达到这个目标的过程中，有什么可以作为里程碑？ 11. 这个目标是积极的、有挑战性的、可以达成的吗？ 12. 你会如何来衡量它是否达成？
R（reality）：通过对话，了解现状，启发思路，探索实现目标的可能性	1. 说说你对现状的看法/你怎么看你现在的情况？ 2. 说说你对现状的感受/你对当前情况有什么感觉？ 3. 你如何达成目标，现在的情况怎么样？现在的现实情况是什么（什么事，什么时候，在哪里，有多少，频率是多少等）？ 4. 要达成目标，你需要的能力是什么？你需要拥有的能力是哪些？ 5. 你已经采取了什么行动？效果如何？ 6. 是什么阻止了你采取更多的行动？ 7. 实现目标，当前问题会产生什么变化？还会涉及谁？ 8. 你觉得是什么导致现在这种情况？ 9. 你掌握着什么资源，比如支持、时间、金钱、知识、技能等？ 10. 你还需要什么资源？ 11. 你希望当前形势出现什么变化？你遇到的障碍包括什么？ 12. 维持现状从哪些方面对你有利？ 13. 维持现状的后果是什么？ 14. 你发现了什么？

（续表）

对话步骤	OKR教练可以选择的问题
O（options）：通过提问和探索，找出实现目标的可行方法和手段	1. 你能做什么？ 2. 你还可以有怎样的选择？ 3. 你现在有可能的解决办法吗？ 4. 解决这个问题有几种不同的方法？ 5. 如果在这个问题上，你有更多的时间去解决，你会怎么努力？ 6. 如果你只有更少的时间呢？你会被迫做什么尝试？ 7. 想象一下，你比现在更有信心和精力，你会做什么不同的尝试？ 8. 如果你是这个领域的专家，你会怎么做？ 9. 如果有人说"钱不是问题"，你会怎么做？或者如果你有足够的资源和时间，你会怎么做？ 10. 如果这是世界上最重要的事，必须在未来的24小时内完成，你会做些什么？ 11. 如果你无所畏惧，你会做些什么？ 12. 你的上级/伴侣/同事/会让你做什么？ 13. 你的直觉是什么？你内心的感觉告诉你要做什么？ 14. 假如你完成了目标，可能是因为你采取了什么行动？ 15. 如果能请到一位专家指导你，你希望他对你的建议是什么？
W（wrap up）：最后确定行动计划，建立信心去完成（KR）	1. 你对哪个/哪些方案感兴趣？你选择了哪些方法？ 2. 这些方案吸引你的地方是什么？ 3. 你所选的方案之间有何联系？ 4. 你认为这些方案会有什么潜在的影响？ 5. 这可以在多大程度上帮助达成你的目标？如果不能达到，那还缺少什么？ 6. 如果你要放弃这些方案，那么原因是什么？ 7. 准确地讲，你会在什么时候开始并结束每项行动或步骤？ 8. 什么会阻碍你采取这些行动？ 9. 采取这些行动，你个人方面有什么阻力？ 10. 你怎么消除这些外部或内部的阻碍因素？ 11. 采取这些行动最坏的影响是什么？ 12. 谁应该知道你的行动计划？ 13. 你需要什么支持？谁来提供这些支持？ 14. 要完成这些行动，以1~10打分，你的承诺是达到多少分？ 15. 能对自己保证或为了使你向前一步，在接下来的4~5个小时里，你可以做的一个小行动是什么？ 16. 去做吧！现在就承诺开始采取行动！

小贴士

谷歌高效主管的八个习惯

1. 成为一个好教练。

2. 避免微管理，并且进行充分授权。

3. 对团队成员的成就和心情保持高度的兴趣。

4. 关注生产力，以结果为导向。

5. 能够成为一个很好的沟通者。

6. 帮助团队成员发展职业生涯。

7. 为团队设置一个明确的愿景。

8. 用你的技术能力给出建议。

肯·布兰佳告诉我们，要信任员工的能力，尊重员工的价值，并引导员工发挥其潜能，最终实现重要目标。管理者需要有敏捷的洞察力，用教练的方式引导员工聚焦未来愿景，找到他自己的目标和梦想，并能够自己解决问题，实现自我超越和成长。

2.7 激励：从外部动机转向内部驱动

周鸿祎研究生毕业之后，深圳的一家银行向他发出聘用书。面对别人端到跟前的"铁饭碗"，周鸿祎拒绝了。他去了北大方正做程序员，每个月工资才 800 元。

程序员的工作重复、琐碎，他的同事经常玩游戏、吃零食或者看电影来打发时间。然而周鸿祎却视若无睹，每天除了吃饭、打水之外，就坐在办公桌前耐心地工作。他说："没有写过 10 万行代码，别奢谈做大项目。"

在周鸿祎看来，每天写代码的日子并不枯燥，因为他的心里有一个梦。他在自传《颠覆者》中写道："不断编自己的程序，发现自身缺陷，以及熟练掌握各种数据接口的调试和数据调用的应用。通过大量实践，慢慢培养对产品、对商业的感觉。"

周鸿祎白手起家，打造了全球第二的互联网安全企业，他的成就与他的韧性和毅力不可分割。他把任何工作都当成自我进化的机会，是因为他有强烈的驱动力。这份驱动力则来自他内心对梦想的渴望。

卓越还是平庸，有时只在一念之间。内在驱动力是一股神奇的力量，能使我们忍受平庸生活的种种枯燥、烦琐和繁重，从中汲取能量，最终成为最好的自己。OKR 就是一个能激发员工内在驱动力的工具，使他们能够在工作中找到自己、定义自己，实现自我价值。

OKR 魔法石：内在驱动

人从事某项活动，都是受动机的驱动。动机包括外在动机和内在动机。外在动机是指以获取诸如金钱、奖品、食物等物质类激励作为行动目标的动机。内在动机让人们跟随兴趣自主选择，并积极地挑战自我，追求工作本身带来的乐趣，产生满足感和自豪感。

趋势专家丹尼尔·平克在《驱动力》一书中阐述了这样的观点：物质激励会减弱内在动机，降低绩效；鼓励不道德行为，减少创造力；助长短视思维。那么要让员工在团队中的表现更杰出，我们需要将对员工的激励由外部驱动转为内部驱动。

心理学家马斯洛曾在《动机与人格》一书中提出人类五个层次的需求，分别是生理需求、安全需求、社交需求、尊重需求和自我实现需求。后来他涉猎东方文化，对自我实现进行了深入研究，创建了新心理学，称为"超人本心理学"。在"超人本心理学"中，他提出在自我实现需求之上，还有一个"自我超越"的需求。

90后是伴随着互联网成长的一代，如今已成为企业人才的主体，95后也已经成为职场的新生力量。他们大多是独生子女，生活在优越的家庭环境里，生理需求和安全需求得到满足后，更加追求归属感、尊重、自我实现和自我超越。

被誉为"数字经济之父"的唐·泰普斯科特在《95后职场画像图鉴》一文中说："95后普遍认为工作不只是满足生计这么简单，

能够满足兴趣、实现人生意义更重要。"对这批年轻人来说，实现自我、超越自我是他们所追求的目标，这便是他们的内在驱动力。

德勤全球首席执行官奎励杰说："我觉得他们非常能干，很有能力，开始工作的时候就准备得很好，希望能面对挑战。他们的一些能力是那些上了年纪的员工刚工作的时候没有的。"对于企业来说，要使这批90后员工发挥自己的能力，需要根据他们的需求特点，激发其内在动机。

美国心理学家德西和瑞安提出"自我决定理论"。该理论认为，社会环境可通过支持"自主""胜任""有趣"三种心理需要的满足来增强人的内在动机。（见图 2-9）OKR 激励机制能够激发员工的内在动机，使"要我做"转化为"我要做"，促使其不断地高效输出。（见图 2-10）

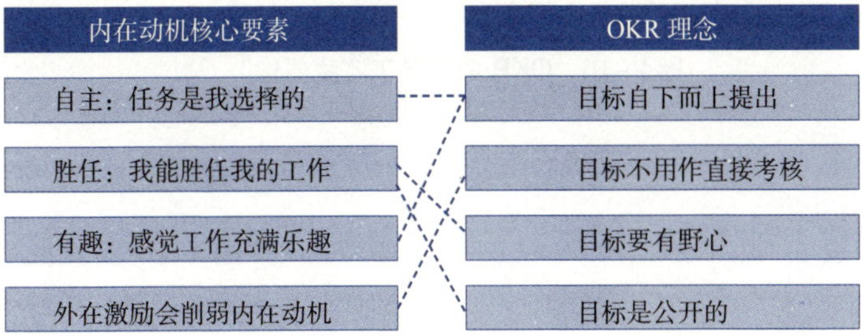

内在动机核心要素	OKR 理念
自主：任务是我选择的	目标自下而上提出
胜任：我能胜任我的工作	目标不用作直接考核
有趣：感觉工作充满乐趣	目标要有野心
外在激励会削弱内在动机	目标是公开的

图 2-9　OKR 与内在动机之间的关联

首先，自主：员工是目标的发起者和执行者，具有充分的自主权。

其次，胜任：OKR 是目标管理工具，不参与绩效考核，鼓励员工挑战目标。

最后，有趣：做这份工作我感到快乐。

此外，OKR 透明公开，能够使员工感觉到被关注、被重视，增强其归属意识。

图 2-10　OKR 激励员工"我要做"

满足员工的"自主需求"

网上曾有这么一个段子："不要大声责骂年轻人，他们会立即辞职的；但是你可以往死里骂那些中年人，尤其是有车有房有娃的那些。"这个段子其实也是对现实的一种写照，有个95后女孩因为被老板批评而辞职。在辞职信中，她说："我要像风一样自由。"

自由是人类永恒的追求，尤其是对90后、95后的年轻人来说，他们向往自由、渴望自主。在传统的管理模式中，领导对员工一般都是直接下命令。然而对于年轻的一代来说，这种管理模式会让他们觉得自己的能力被质疑，在指令和命令式的管理下，他们的自主意识被压抑，因而也就更加抗拒，难以激起对工作的热情。

丹尼尔·平克在《驱动力》一书中提到，"胡萝卜加大棒"的外部激励措施已经失去了原来的作用：员工的积极性降低；创造力被抑制；有些人为了创造绩效而撒谎，置企业长期效益于不顾……

"自我决定理论"认为，人是积极的有机体，先天具有心理成长和发展的潜能。自主需求是人主动改变自我的重要动机来源。

OKR聚焦目标，关注过程，不考核目标的完成率。员工们不需要机械等待主管命令，而是从"要我做"变为"我要做"。OKR给员工提供了一个进行自我管理的机会，充分引导和发挥员工的自我主动性，满足了员工的"自主需求"。

谷歌OKR的制定方式，自上而下和自下而上各占60%和40%。我们在制定OKR的过程中，要注意以下几点，以满足员工的"自主需求"：

第一，员工的目标承接上级目标，关键结果的制定要发挥员工的主观能动性。

第二，管理者要鼓励员工创新，允许他们自主提出能为公司创造价值的 OKR。

第三，管理者可以通过教练的方式，引导员工设定改善工作和提升能力的 OKR。

新激励模式：全员认可

人人都希望自己能被认可，这是由其社会属性决定的，也是马斯洛需求理论中提到的人们对尊重的渴求。唐·泰普斯科特说："网络一代的职员，有 60% 希望经理能够每天给自己反馈，有 35% 希望一天能够得到多次反馈。"

OKR 的透明属性，要求员工将自己的 OKR 公开。公开 OKR 可以让员工通过挑战型目标来激励自己，在众人的监督下，他们会加倍努力地展现"更好的自己"。

那么，对于管理者来说，应当如何通过 OKR 来满足员工被认可的需要呢？我们可以尝试以下几种做法：一是及时反馈，及时认可；二是引入"全员认可"体系，鼓励同事点赞、评论。

关于全员认可，给大家举两个例子。

　　腾讯的每一位员工每个月可以收到公司发放的 6 枚勋章，员工可以把这些勋章通过企业微信奖励给其他帮助自己的员工。而同时领导也会知道本部门员工收到了勋章。一个季度后，被奖励的员工可以拿积累的勋章去兑奖。

　　唯品会的公司 App 上也有全员认可功能，是公开发布表扬信。一个员工对另一个员工发送表扬信，全体员工都可以看见，因为大家都在公司群里面。最后，收到表扬信的员工也可以兑奖。

OKR 激励侧重内部驱动，使员工在团队工作中更有成就感和归属感，也能成为更好的自己。

3

用 OKR 提升
个人工作效率
与执行力

在工作中，你是否经常因为赶项目而加班？是否因为临时发生的一件事而不得不打乱原有的工作计划？你是否在热播电视剧、火爆综艺面前妥协，结果导致工作被拖延？

2019年，一场关于"996工作制"的讨论在网上迅速蔓延。"工作996，生病ICU"是多少程序员的噩梦。996工作制，即每天早上9点上班，晚上9点下班，每周连续上班6天。

其实，之所以加班，很大一部分原因在于在朝九晚六的时间里不能完成工作任务。"不要加班"成了无数人心中的呐喊。那么，我们如何提升自己的执行力和工作效率，更高效地完成工作任务呢？

OKR能让我们摆脱拖延症的烦恼，提升工作效率和执行力，达成优秀业绩。

3.1 工作中的方向盘与导航仪

"有五个人对微软贡献巨大。一是创始人比尔·盖茨，二是 CEO 史蒂夫·鲍尔默，三是董事会主席约翰·汤普森，四是诗人奥斯卡·王尔德，最后一个就是陆奇。"这是微软 CEO 纳德拉对微软员工说的话。

陆奇是何许人也？他曾出任微软集团全球执行副总裁，被称为"硅谷最牛华人"，为微软的发展做出过突出贡献，还曾出任百度公司董事及董事会副主席。

陆奇的成就离不开他的刻苦努力和自律。他每天凌晨 3 点就起床查收邮件，然后晨跑 4 英里（约 6.4 公里），大约 6 点到达办公室。到公司后他先思索一天需要做的事情，之后才展开工作。7 点之前他会处理完所有的邮件，8 点之前他就做好当天的工作计划，9 点给员工们开晨会，22 点下班到家，学习一个小时，23 点休息。

一个人能取得多大成就，往往取决于他所设定的目标。陆奇强烈的目标感使他的执行非常快速、及时且高效，从而成就了他非凡的事业。

人生就像爬山，目标决定了我们的方向，也决定了我们所能达到的高度。英国著名作家和评论家约翰·拉斯金说："无目标的生活，犹如没有罗盘而航行。"OKR 就是我们工作中的方向盘和导航仪，为我们指明努力的方向及如何实现目标，有利于提升我们的工作效率和执行力。

什么是工作效率？

我刚进入外企工作时，领导就告诉我，收到邮件时，如果你在电脑边，尽量在 3 分钟之内给出反馈；如果来不及完成也要及时告诉对方，"我已经收到你的邮件，一周内处理"。这么多年，我一直保持着这个习惯。

在日常工作中，很多人工作效率低的原因就是做事拖延，执行力差。

工作效率是指单位时间内完成的工作量，泛指日常工作中所消耗的劳动量与所获得的劳动效果的比率。通俗地说，就是进行某项工作任务时，取得的成绩与付出的时间、金钱、精力等的比值。

工作效率，是衡量我们工作能力的重要标准。很多时候，我们忙得团团转，工作效率却不高。比如，本来一个小时就能解决的问题，结果用了一上午的时间才处理好；本来一周可以完成的任务，结果用了三周才完成，可能中间还需要不断加班赶进度。

工作效率关乎我们的切身利益。如果我们的工作效率高，自然就能高效完成工作任务，那么我们的工作业绩就会增加，升职加薪也是水到渠成的事。我们的个人工作效率也与企业利益息息相关，如果个人效率提高，那么企业的整体效率也会得到提升，企业的效益也会增加。

执行力低的原因

什么是执行力呢？对于员工来说，执行力就是上级布置了一项任务之后，要想办法尽快地完成它，包含三个方面：完成任务的意愿，完成任务的能力，完成任务的程度。

为什么有的人执行力很弱呢？主要有以下几种原因。

其一，目标不明确。他们不知道自己的工作任务是什么，不知道自己应该做什么，自然也就无法执行。

其二，不懂方法。有些人面对上级分派的任务一头雾水，不知道该从何处着手。

其三，眼界太窄。很多人面对烦琐的工作，迷茫困惑，不知道自己为什么要做这些事，也不知道做这些事有什么好处，因此拖拖拉拉，不愿意付出行动。

其四，惧于压力，设置障碍。面对繁重的工作任务，他们会给自己在心理上设置障碍，不断地找借口拖延，比如时间不足或者准备不充分等。

OKR 三位一体，为执行力护航

　　张一鸣在空闲时间，喜欢拿着手机在各个新闻网站浏览新闻资讯。他发现，搜狐、网易等新闻客户端推出的新闻千篇一律，用户很难看到自己关心的内容。如何从跳动的新闻中找出用户喜欢的呢？

　　张一鸣决心做成这件事，于是他创办了字节跳动，并开始做"今日头条"新闻。"今日头条"页面简洁，搜索迅速，有热点、社会、财经等十几种板块。

　　一段时间之后，张一鸣进行了市场体验调查，有用户反映"今日头条"上的正能量新闻少，知识性不够强。于是张一鸣决定改造"今日头条"。他到处查资料，学习国外的先进经验，在软件中又加入了正能量、养生、历史等 22 个板块。经过这一次的调整，"今日头条"的市场反馈非常好。

张一鸣有着超强的执行力，他在公司创始之初就大力推行OKR。我们也可以用 OKR 来规划我们的工作，用"OKR 的三位一体"提高执行力和工作效率。"三位"，即目标、关键结果和任务。

目标确认是效率与执行力的前提。目标是方向，关键结果则是我们实现目标的路径，任务则是日常行为管理，就像方向盘和导航仪，为我们指明了目标和方向，并指引我们先走哪条路，再走哪条路，如何更快地到达目的地，让我们一步一步走向目的地。

首先，我们要有明确的工作目标，这是规划的第一步。可以将上级的关键结果逐级分解，转化为自己的目标，也可以根据自己的实际情况设定目标。我们需要明确自己该做什么，什么是最重要的事情，然后撰写出自己的工作目标。目标必须要有挑战性、可实现；要有数量限制，一般每个季度 2~5 个。

其次，制定关键结果。仅仅依靠目标，是无法推动我们有效执行的。目标只是指明一个方向，而关键结果可以用来衡量目标的完成度，每个目标对应 2~4 个关键结果。

一般我建议采用 3×3 或 3×4 的模式，也就是一个季度 3 个目标，每个目标配 3~4 个关键结果。依我的经验，这样无论从工作量还是工作效率上看可能都比较适合。

制定关键结果之后，每个关键结果再次分解到具体的任务或者说行动步骤，也就是我们常说的任务（task）或任务清单（to do list）。表 3–1 是我的学员写的一个非常好的例子。

表3-1　学员的OKR和任务清单

目标	关键结果	任务清单
通过供应链管理创新建立最优库存	KR1：加入供应商前移库和通用物资批量询价应用范围，通用物资库存总额不超过500万元	T1：盘点供应商前移库和通用物质批量询价应用现状 T2：分析并制订扩大应用计划 T3：实施计划
	KR2：重新梳理制定仓储物流线三级管理制度	T1：组织调查仓储物流线管理现状及问题 T2：制定制度 T3：组织利益相关方讨论确定
	KR3：推广使用物资管理平台，实现物资全过程信息化管理	T1：确定推广范围 T2：组织相关人员培训 T3：上线使用，跟踪并解决反馈的问题

第二，设置的关键结果需要支撑目标的实现。如果所有的关键结果都达成了，最后却没有实现目标，可能有几种原因：关键结果支撑性不够；考虑维度不够全面，如果在实施过程中发现这个问题，需要及时调整，如果最后复盘发现这个问题，只能分析原因，制订下次的行动方案。

拿破仑曾说：没有一场战争是按照计划打的，但没有一场战争可以在没有计划的情况下获胜。凡事预则立，不预则废。毁掉一个人最直接的方式，就是让他没有目标地瞎忙。做任何事，都需要事先做好规划。

3.2 OKR：目标管理与时间管理的完美结合

　　潘正磊大学毕业之后就加入了微软公司，成为一名软件开发工程师。她所在的小组开发的产品成长很快，几个月的时间就生成了 3 个版本，而且每个版本都支持 6 种语言。总的来说共有 18 个组合，每个组合都需要有不同的策略。因此，潘正磊每天要和小组成员及其他部门的人打交道。

　　每当有人来问问题时，潘正磊都要停下手中正在做的事，去解决他们的问题。潘正磊每天忙得不可开交，她的工作时间不断地延长。虽然付出了很多努力，但是她却觉得并未真正学到知识。

　　潘正磊觉得很不开心，她找老板沟通自己的疑惑。在老板的指导下，潘正磊设置了一个"回答问题的时间"，只有在这个时间段里别人才能找她咨询或者寻求帮助。这使潘正磊能够有足够的时间来专心做自己想要做的事和需要做的事。

　　除此之外，潘正磊还设立了一个目标——让其他组自力更生。授人以鱼不如授人以渔，潘正磊的小组对其他组的组员进行了一段时间的训练，逐渐使其他组的人遇到一般问题都可以自己解决了。潘正磊也得以有足够的时间学习新的技术和管理经验，如今她已经成为微软公司总部产品部门的总经理。

潘正磊刚开始不懂时间管理，每天面对的都是忙不完的工作和不断地被打扰。但她在学会时间管理之后，处理一切事情都变得游刃有余。

在我们的日常工作中，总会有各种各样的事情干扰我们，影响我们的工作效率。比如缺乏合适的团队支持，未计划的事件多次打断我们的工作进度，紧急不重要的工作占据了部分时间，别人提交的工作成果不符合质量要求需要返工，上级的指令不够清晰或者不符合实际情况，有必须参加的会议，等等。

在工作中，我们需要学会管理自己的时间，管理自己的工作，做好目标管理与时间管理。OKR正是能将二者完美结合的有力工具。

分清工作的轻重缓急

要提高工作效率和执行力，首先要将时间管理与目标管理进行有机结合。

时间本身不以任何人的意志为转移，它对任何人都没有差别。但每个人利用时间的方式却并不相同。怎样使时间具有意义？关键在于如何选择和控制"事件"！

所有工作可以按照"四象限法则"进行分类，分别是重要又紧急的事情、重要但不紧急的事情、紧急但不重要的事情和不紧急也不重要的事情，如图3-1所示。

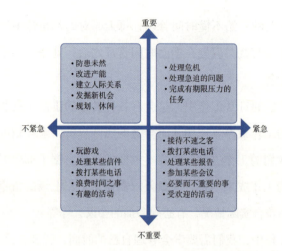

图 3-1 按"四象限法则"对事件进行分类

　　洛威茨在《麦肯锡思维》一书中说："从重要的事情开始完成，把间隙的时间和精力留给其他事情，这就是做事情应该有的次序。"我们要分清事物的轻重缓急。对于上述四类事情，我们需要坚持时间管理的 4D 原则，如图 3-2 所示。

图 3-2 时间管理的 4D 原则

第一，对于那些紧急又重要的事情，例如应付难缠的顾客、处理客户投诉等，要"Do it now"，马上去做，优先做。

第二，对于重要但不紧急的事情，例如组织能力提升、人才培养、品牌拓展、员工能力提升等，要"Do it later"（稍后做），用OKR提前做好阶段性规划，将目标分解落实到每一天，这样才能防患于未然，减少那些救火的事情。

李彦宏2019年"提升百度的组织能力OKR"如表3-2所示。

表3-2　李彦宏2019年提升百度的组织能力OKR

O：提升百度的组织能力，有效支撑业务规模的高速增长，不拖战略的后腿	
KR1	全公司成功推行OKR制度，有效降低沟通协调成本，激励大家为更高目标奋斗，取得比KPI管理更好的业绩
KR2	激发从ESTAFF[①]到一线员工的主人翁意识，使之比2018年更有意愿、有能力进行自我驱动，管理好各自负责的领域[②]
KR3	建立合理的管理人员新陈代谢机制，打造出不少于2名业界公认的优秀领军人物

提升组织能力是非常重要的需要长期实施的事情，所以一定要做好每年的计划。如果你不做，那么你的时间会被紧急重要的救火事情占据，从而使你缺乏长期发展的能力。

---

① ESTAFF，高级管理团队。——编者注
② 此处建议加入具体方法：通过新绩效考核制度。

　　我建议每一个组织、每一个团队、每一位员工，都认真思考：我的时间都去哪儿了？有没有放在长期重要的事情上？有没有提前规划好？

　　第三，紧急但不重要的事情在我们的日常工作中并不少见，这些事情往往给我们一种"这件事很重要"的感觉。但大多数时候，这些事情不过是在满足别人的期望与标准，我们要学会甄别。如果这些事只需要很少的时间就能完成，那么，我们可以尽快随手就做。如果这些紧急但不重要的事要花费较长时间，那么我们可以"Delegate"，授权别人去做，或者先着手做那些重要且紧急的事情，再去做这些紧急但不重要的事情。

　　第四，对于不紧急也不重要的事情，例如与业务不相干的电话、玩手机或者闲聊，"Don't do it"，尽量不做。

制作完成关键结果的任务清单

　　为了使我们的工作更加有条理，我们可以为自己制作每周任务清单，如表 3–3 所示。任务清单是完成关键结果的行动步骤。

　　首先，在一张纸上把我们要做的事情都罗列出来，然后问自己，在这些工作任务中，哪一项是最重要的，要首先做哪一件事，接下来做哪一件事情，以此类推，按工作的重要性重新整理工作任务列表。

表3-3　每周任务清单

每周任务清单			
序号	任务分类	任务安排	任务总结
1			
2			
3			
4			
5			
6			
7			

任务清单要涵盖三个部分，分别是任务分类、任务安排和任务总结。

任务分类，即任务的重要和紧急程度。任务安排，即根据任务分类将相应的工作任务分配到一定的时间段里，目的在于帮助自己明确每天的工作内容和时间分配。任务总结，即每天或者每周结束之时，根据自己工作的实际完成情况来填写：哪些工作完成了；哪些工作没有完成；还剩多少；怎样改进……这有利于我们检视自己的工作完成进度和完成效果。

完成任务清单其实就是为了完成OKR。制定任务清单便于加强每日的自我管理，能够帮助我们理清工作思路，保持做事的有序性，提升工作效率。

拒绝干扰

一般情况下，我们在工作上的干扰主要来自三个方面：上司、同事和下属。

来自上司的干扰往往最难控制。当领导不停地找我们时，我们需要让领导清楚地知道我们的 OKR；积极主动地与领导提前沟通我们的 OKR，让他知悉我们的工作进度，以减少干扰；我们要学会管理自己的上司，带着解决问题的方案与领导沟通，这样可以有效节省时间。

来自同事的干扰最难推却。我们可以像前文案例中的潘正磊那样，为自己设置一个"回答问题的时间"，集中回答他人的问题。要学会拒绝的艺术。

我们也往往容易忽视来自下属的干扰。我建议留出固定时间，供下属汇报工作或者提出问题，也可以安排其他空闲时间处理非紧急事件。

小贴士

设立拒绝打扰时间

在自己的工位上，做几个标志：忙碌中，勿打扰；会议中，暂时离开；欢迎骚扰，时间为 × × ×；等等。

高效利用时间

这里给大家介绍四个高效利用时间的工具。

帕雷托原则

帕雷托原则，也可称为二八法则，由意大利经济学家帕雷托提出，意思是让 20% 的投入产生 80% 的效益。

我们在每天的工作中，总会有精力充沛的时候，也会有大脑疲劳不堪的时候。因此我们要把握一天中精力最充沛的时间去集中精力做重要的事情。在疲惫时，我们则可以停下重要的工作，去做一些琐碎的事情，比如处理邮件等。

"吃青蛙"定律

"吃青蛙"定律来自博恩·崔西的《吃掉那只青蛙》。"青蛙"是指最艰巨、最重要的任务。

"吃青蛙"定律要坚持三个原则：

（1）每天早上做最难的那件事，那么，一天之内就没有比这更糟糕的事情了；

（2）面对两件重要的事，要优先做更重要的那一件；

（3）对于重要的事，要立即行动，说做就做，否则考虑得再周全而不行动也无济于事。

百灵鸟型人的时间管理

（1）早上，能力高峰期，处理复杂而重要的事。

（2）午后会有一段能力低谷期，之后能力曲线才会回升，回升之后再做较重要的事情。

（3）入夜时分，能力曲线持续下降，这时候应该试着放手，做社交相关工作或例行工作。

瑞士奶酪技巧

将一项较大的任务看作一块表面全是洞的瑞士奶酪，像在奶酪上打洞一样，将任务分成若干份儿，利用零碎时间"见缝插针"地处理，不要消极等待大块完整时间。例如，要写一本书，将任务分解成几个部分，明确每一部分大概需要多长时间，然后利用零碎的时间每次完成一部分。

德国著名思想家歌德说："只要合理使用，我们总会有充足的时间。"时间就像海绵里的水，挤挤总会有的。

小贴士

时间管理

1. 拒绝拖延症
   - 把工作写在纸上思考

- 开工前准备好所有材料
- 从小事做起
- 将任务分成若干环节，分别进行处理
- 抑制完美主义
- 保持快节奏

2. 赢得时间锦囊

- 建立工作时段，集中处理重要任务或同类任务
- 设立拒绝打扰时间
- 重要的事情拥有优先权
- 尽可能做那些确实关键的工作
- 学会授权，对于烦琐的服务性工作可以借助他人之手
- 任务分解，由大到小，由复杂到简单
- 给每一项任务规定完成期限
- 重点任务，尽早完成
- 根据自己工作效率或者注意力的高低波动，规划做事顺序

3.3　无障碍沟通提升工作效率

作为一家跨区域的全国性公司，伊利管理层非常重视与

员工的交流和沟通。伊利设有总裁信箱，公司的所有人都可以给总裁写信反映问题。而伊利总裁也会按时查看信箱，解决员工所提的问题。

伊利还于 2015 年开启"董事长 C-Time 关爱计划"（C，communication，沟通；Time，时间）。伊利选择全国重点区，由董事长潘刚亲自带队，与员工一起打球、吃午餐等，在这种轻松愉快的交流氛围中，听取员工的意见和建议。

在我们的工作中，经常会遇到这样的情况，由于沟通不到位，组织目标出现严重偏差。如在项目工作中，我们需要进行良好的、积极主动的沟通，以保证项目过程的顺利实施和项目目标的达成。OKR 是一种精准、高效的沟通工具，能够消除同事间的疑惑，让大家围绕最重要的目标，聚焦到关键的成功要素上，从而提高执行力和工作效率。

真诚、平等的沟通，是实现团队高效协作的基础。团队间的沟通包含两个方面：一是团队成员之间的沟通与交流；二是管理层与团队成员之间的沟通与反馈。通过良好的沟通，团队成员之间能够知道彼此的想法，有助于管理者指导成员行动，消除彼此之间的误解。

"洋葱会议法"沟通

有些人在工作中，不是没有目标，而是繁忙的工作使他们忘记什么才是最重要的事；有些人在工作的时候容易思想开小差，等回到现实中时间已经过去很久了；有些人忙完了一项工作之后，不知道下一步要做什么……

我们需要加强自我管理和自我监督，时刻提醒自己什么是最重要的，这样我们才能形成自我约束力，专注于工作。

明确要做的事情，这是我们首要任务。可以通过之前我们提到的"洋葱会议"，让领导和同事掌握我们工作的进度，他们可以根据我们的需求为我们提供相应的支持与帮助。

作为团队一员，我们如何运用洋葱会议法与上级和同事沟通呢？

（1）每日站会，我们可以用便利贴按照"三段论"的形式来陈述：昨天我做了什么工作；今天我准备要做什么工作；我遇到哪些障碍，需要哪些支持……用3分钟左右的时间把工作交代清楚，并把接下来要做的事写在彩色便利贴上贴出来，方便跟踪。

（2）每周周会上，我们主要从四方面来阐述自己的OKR：本周取得了哪些进步，遇到哪些障碍，下周的主要计划是什么，我们需要做什么来改善OKR的结果。

（3）在月会上，我们主要介绍个人的OKR完成进度，分享自己成功的经验、下个月的计划；我们还可以提出在执行过程中可能会遇到的问题与困难，寻求领导或者其他同事的帮助与支持；对问题提出解决思路与策略；对本职工作中一些工作的状态和进度予以确认。

（4）复盘会主要是一个回顾 OKR 的过程，通过对自己工作的总结，进行 OKR 打分和回顾，可以收获来自同事和领导的建议。同时还要制定下一季度的目标，如图 3-3 所示。

图 3-3　OKR 复盘过程示意图

通过洋葱会议，我们能定期与同事和领导保持良好的沟通，知晓彼此的目标和执行进度，还能获得相应的反馈和支持，这样更有利于我们工作的完成。

每周主动签到

除了通过日常会议的形式与领导、同事沟通外，我们还可以用每周签到（weekly check in）的形式主动积极地向领导汇报工作计划与工作成果。每周签到是由德勤公司在进行全球绩效管理变革的时候提出的一个敏捷工作方法。

那么，我们如何用这一方法与领导沟通呢？

首先，每周一制订好自己的周计划，将其制成模板，如表3-4所示，然后每周找领导汇报，告诉他我这一周的目标；在周五时，再跟领导汇报，我这一周做了什么，完成度是多少，以及遇到什么难题，等等。

表3-4　周计划模板

每周更新		季度OKR	
P1： P2： P3：		O1： KR1： KR2： KR3： KR4：	O2： KR1： KR2： KR3： KR4：
月度计划		风险预估	
P1： P2： P3：		P1： P2： P3：	

注：P（priority）指优先级事件。

　　主动沟通不仅能给领导一个好的印象，也能对自己产生自我督促的作用，提升工作效率，同时还能从领导那里得到一些实质性的帮助，有利于自身工作目标的实现。

DISC 行为分析法

　　在与同事的沟通中，你是否遇到这样的情况：你对他说了半天，对方似乎理解了你的想法，可是最后给你的答案却并不是你想要的。有时候，你发现同事在工作中出现了或大或小的差错，当你指出来的时候，对方却很不高兴。

　　那么，在工作中，我们应该如何进行有效沟通，使大家既能共同把事情做好，又能保持良好的关系呢？

　　DISC 是美国心理学家威廉·莫尔顿·马斯顿博士在 1928 年提出的一套成熟的人类行为模型。他认为，现在人的行为模式可以囊括于四个模型中，即支配型（dominance）、影响型（influence）、稳健型（steadiness）、谨慎型（compliance）。

　　支配型的人喜欢发号施令，做事独立果断，有很强的自尊心，喜欢挑战、创新。与这种类型的人沟通，我们要注意三点：一是说话直截了当，切入重点；二是要掌握好时间，重视效率和速度；三是要重视他们的内心感受，在人多的场合要配合他们、关注他们，懂得捧场。如果你的领导是支配型的人，当你汇报工作时，你最好带上两个以上的解决方案，让他们做出选择或者判断。

影响型的人热情、乐观，善于交际，喜欢表达，但是他们很容易遗忘细节性的东西。与他们沟通时，我们要多给予赞美和认同，保持愉悦的交流状态，不多谈细节或者数字。在与这类同事或者领导交流时，我们一定要多给予他们表达的机会，当谈到细节或者数字方面的问题时，我们可以写下来，以加强对方的记忆。

稳健型的人比较稳重，有耐心，不易生气，但他们不善言辞，不喜欢改变，容易犹豫不决。跟这种类型的人沟通时，我们最好采取一对一的沟通方式；要多给予他们支持和鼓励；同时要多多引导他们去思考和做决定，通过"这件事你怎么看"等问题鼓励他们敞开心扉。

谨慎型的人是完美主义者，做事非常谨慎、理性，擅长分析，注重细节。在与这类人沟通时，我们要做好充分的准备，提供较为完整的说明和具体信息，要对他的精准表示肯定。

DISC 理论展现了四种基本行为风格。通过 DISC 行为分析方法，我们可以了解他人的心理特征、行为风格、沟通方式、激励因素、优势与局限性、潜在能力等等，预见每个人可能的工作表现。这样在我们执行 OKR 的过程中，如果需要同事协助，我们可以根据其特点，找到正确的沟通方式，以减少不必要的误解或者摩擦。另外，因为大家一起使用 OKR，大家也就拥有了共同的 OKR 工作语言，这也使得不同风格的同事在沟通时能聚焦到相同的关注点上，从而避免因风格不同引发的误会和冲突。

当然，每个人都是独立而复杂的，我们不能局限在这四种类型当中，要具体问题具体分析。通过仔细观察我们的沟通对象，了解其行为模式，这样有利于在与其打交道时实现无障碍沟通。

3.4　OKR 助力在家办公的效率

新型冠状病毒肺炎疫情期间，很多人开始在家办公。渐渐有人怀念早出晚归的日子，想念那人挤人的早上 9 点钟的地铁，这很大程度上，是期望更快摆脱"疫情封闭"状态和春天的到来，当然也有对"在家办公"的不适应。很多人发现，"在家办公"太难了，很容易分心，惰性、拖延使自己的产出不高。"自律带来更大的自由"，但做到自律好像真的比较难。

但是，真的没有有效的办法吗？

我们结合在家办公常见的困扰，给出保证效率的四步法。

第一步：营造环境

在工作环境上，与远程办公相比，正常工作有以下特点：

- 固定的工作时间（上下班时间、休息及午餐时间）；

- 必备办公空间及办公设备；
- 确定的餐饮安排（无论是由食堂还是外部供应，无须自己花时间准备）；
- 周边的工作氛围。

为了使在家办公高效，我们需要营造工作氛围和场域，使生活与工作区隔开来。营造环境，可以从以下几点做起。

计划好每日工作时间

在家办公，也需要与正常工作一样，安排好工作时间，明确未来一天什么时间是工作状态，什么时间是生活状态。同时，我们也可以将计划告知在家生活的其他人员，说明自己的安排，以保证不受打扰。

具体可以参考下表：

表 3–5　在家办公的工作时间安排

时段	时间安排	工作时间/小时
上午	8：30—11：30	3
下午	14：00—17：00	3
晚上	19：30—21：30	2

我们可以将一天分为两个或者三个时段，但所有累计的工作

时间应该达到标准要求（法律规定每周工作 5 天，每天工作 8 小时）。这个时间表可以是固定的，也可以变动。比如明天我需要去参加家长会或者陪伴父母进行健康检查，就可以灵活调整。这就是在家工作对大家的吸引力，可以灵活自由地安排时间。

但要记住：自由不是没有计划。自由不意味着随时开始，而是依据计划行事。只不过计划可以灵活调整。

选择一个专用的空间

不在办公室，并不意味着不需要一个专用的办公空间。这个办公空间，可以是书房，也可以是卧室的一角。如果白天只有你一个人在，你也可以选择客厅，但注意要关闭电视。在这个空间里，需要有高速稳定的无线网络，能够进行畅通的沟通协作。在这个空间里，应该准备专用办公桌椅。座椅最好符合人体工学，因为久坐非常容易引起脊柱损伤。

进入办公空间，开启电脑，就标志着"工作开始"，这让工作有一种仪式感！当然，关闭电脑，就意味着这段工作的结束。

准备好餐饮

在家的时候，我们每天都会碰到一个问题："我们要做什么吃？"你的纠结，你的准备，肯定会花费一定的时间。

建议你提前一天做好准备。比如，提前一天准备好第二天的食材和菜谱，或者第一天晚上就准备好第二天的食物。当然，你也可以选择点外卖和外出就餐。这对不擅长烹饪和容易纠结的人非常重要。

第二步：明确目标

在家办公的关键就是要明确目标，确定工作的优先级。

建立阶段性的 OKR

OKR 是一种结构化的目标管理工具，通过回答 why（为什么）、what（是什么）、how（怎么做）、how much/many（有多少）、when（什么时候）等一系列关键问题，将期望彻底清晰化。它通过回答 why，让我们思考究竟什么工作是优先和有价值的，这赋予了我们工作的意义，从而为我们提供工作动力。同时，它解构了目标，明确我们的策略／行动及其产出，以及完成的时间，从而为具体的任务行动提供指南。

在家办公的时候，我们制定 OKR 要注意：

（1）周期可以更短，1 个月或者两个月为一个周期，甚至一周，加快节奏，提升产出；

（2）要与上级及关联者沟通，达成一致。

制订周计划

根据 OKR 及其他的工作要求，制订周计划。

周计划是一个任务清单，它应该明确：

- 具体的任务：要做什么？

- 任务的产出：如何判断完成了任务？

- 任务的完成时间：什么时候完成？

在制定任务清单的时候，要注意以下要点：

- 每个任务，完成的时间不超过 1 天。

- 每个任务，都应有完成标志。

- 任务的完成信息，能够共享和同步。

可视化任务

有了周计划，可以制作任务可视化看板，管理任务。

一个可视化看板包含三要素：

- To Do：本周计划要完成的任务项。

- Doing：今天将要做的任务项。

- Done：本周已经完成的任务项。

一个任务，可以使用一张"便利贴"来记录和管理。

可视化任务，可以帮助我们大家自律，提醒自己在有限的时间内应该完成的任务；同时，完成一个任务，可以给我们一种小小的成就感。

让看板而不是老板来管理我们，学会自律。

第三步：深度工作

卡尔·纽波特（Cal Newport）2017年出版的一本书《深度工作》引起了广泛关注，尤其是在当下信息时代。

深度工作，是指在无干扰的状态下专注进行职业活动，使个人的认知能力达到极限。这种努力能够创造新价值，提升技能，而且难以复制。它是指长时间专注于一项困难的任务而不分心，让自己达到完全忘记周围发生的事情的状态，这种专注能让你做出最好的产出。

但是，我们经常会被社交媒体、新闻热点、信息等打扰分心，很难专注做一件事而不被打断。研究发现，分散注意力后需要23分钟才能重新集中注意力。当下，深度工作越来越少，所以更具有价值。

那么如何进入深度工作呢？

设定工作节奏

你很难保持一天都很专注，可以设定一天需要进入深度工作的时刻。在设定的时候，需要考虑：什么任务需要深度工作？

我们并不需要所有的工作都进入深度状态，这既没有必要，也非常耗费精力。人很难一直保持高度集中的状态。深度工作与浅层工作的区别见表 3–6。

表 3–6 深度工作与浅层工作的区别

	特点	举例
深度工作	有挑战性，需深入思考，价值大	方案制作、编程、方案审核等
浅层工作	要求不高，路径明确，价值低	回复邮件，参加会议等

至于一项任务是否属于深度工作，可以参考以下问题：

- 该任务是否需要集中注意力？

- 任务需要有专门的知识技能吗？

- 任务很难重复吗？

- 该任务会创造新的价值吗？

什么时间进行深度工作呢？

每次深度工作可以设定在 45 分钟到 1.5 小时之间。

我们可以在每个时段各选定一小段时间作为自己深度工作的

时间。至于具体选什么时间，你可以问问自己：回顾过去，哪一个时间段，我的精力更容易集中？

消除工作干扰

深入工作的前提是保持不间断的专注，你需要创造一个无干扰的环境。这意味着要屏蔽无关的和破坏性的打扰——聊天信息、电子邮件、会议、电话、社交媒体及其他杂音。

由于这个原因，许多人强制执行严格的"隔离措施"：

- 将手机设置为"免打扰"模式；
- 将邮箱设置为自动回复消息；
- 将"深度工作"时间分享给同事。

选定深度工作的时间可参考表 3–7。但是，非常需要注意的一点是，要与你的团队和上级达成一致：允许你不及时回复消息。

表 3–7　选定深度工作时间举例

上午	
06：00—08：00	深度工作：基于反馈，更新适配 iOS 系统的 UI 设计模型
08：00—09：00	休息，早餐
09：00—10：00	参加每周设计例会
10：00—10：30	预留：会议延时，或处理邮件
10：30—12：00	深度工作：创建一个新的设计规范的功能评价

（续表）

下午	
12：30—13：30	午餐，休息
13：30—15：00	深度工作：审核提交来的设计方案，并给出详细的反馈建议
15：00—16：30	查看信息、邮件并回复，沟通讨论发布活动方案
16：30	结束一天工作

知道停止

根据注意力恢复理论，我们的注意力是有限的，只能在一段有限的时间内专注于一项任务，直到它变得让人筋疲力尽（通常一两个小时）。

所以，我们要知道结束时间。

在结束深度工作的时候，你需要放松一下。例如，看看微信、新闻，散散步，做个操，等等。既让自己小小庆祝一下，也放松一下大脑。

第四步：每周回顾

每周回顾是反思工具，让我们专门花时间反思过去一周进展顺利和失败的原因，并计划下一周的工作。这是检视目标，并确保自己每天所做的工作能够帮助自己实现目标的机会。

在回顾之前，我们需要对一些指标进行记录和评估，来关注我们的"工作效率"：

- 深度工作的时间

- 撰写代码的时间

- 完成的功能点

……

在回顾的时候，我们可以参考以下问题清单：

- 我本周总体感觉如何？

- 是什么让我在本周达到目标？

- 有什么事情阻止我本周实现目标？

- 我本周采取了哪些行动来推动我实现长期目标？

- 下周我该如何改善？

- 下周我该怎么办，以使我实现长期目标？

每周回顾可以让你更加专注于什么可以帮助你完成目标，什么会引起你的注意力，从而节省时间，提升效率。

营造环境、明确目标、深度工作和每周回顾，这是使在家工作更高效的四步法。

但是，至关重要的是：寻找初心。

初心，是指自己感兴趣的事，能发挥自己优势的事，可以实现自己价值的事。

拥有初心，你就具备最大能量，就会取得更多成果。

3.5 OKR 问责制，你的工作你做主

《致加西亚的信》一书讲述了一个关于责任的故事。

美国与西班牙战争爆发。为了取得战争的胜利，美国需要与西班牙的叛军首领加西亚取得联系。然而加西亚住在古巴丛林中，没有人知道他的确切地址。正当美国总统一筹莫展之际，有人告诉他说有个叫罗文的人可以找到加西亚。

于是美国总统找来罗文，给了他一封《致加西亚的信》。

罗文开始向古巴丛林前进。他经历了海关检查、陆地巡逻、丛林危机等等，每一次都困难重重，如履薄冰。但因为心中有着一份信念，每次危急时刻他都想尽办法解决。终于，他见到了加西亚，把信交给对方，并受到了最高的礼遇。

罗文是一个虔诚的信使，在完成国家交给他的任务过程中，始终怀有忠诚和责任之心。你的任务就是你的责任，容不得推脱。然而在我们的工作中，经常会遇到喜欢推诿的人。OKR 问责制则能实现"你的工作你做主"，让推卸责任、找借口为自己开脱的行为无所遁形。

OKR 本人可控

在职场中，"领导不走我也不走""坐班不做事"等形式主义的加班现象屡见不鲜。许多人对待自己的工作消极懈怠，他们擅长"磨洋工"，直到领导催才着急忙慌地赶工。

另外，"踢皮球"已经成为职场中的一种常见现象。有些人是因为怕得罪人而推脱责任；有些人是怕做不好事情承担责任而推卸责任；也有些人因为部门人多，有意无意地将自己的责任推卸给别人。比如，当面对上级的指责时，有些人会着急辩解，"我就是按照你说的要求做的"，或者"这件事在这么短的时间里根本没办法完成"，"我已经很努力了，可是对手太强"，也有些人会把责任转嫁给其他同事，"是他不配合我的工作"，等等。

无论是上述哪一种情况，其实都是在逃避责任，都会给团队和企业带来消极的影响。推卸责任，力求自保，那些想要认真完成工作任务的员工就变得孤立无援，从而影响工作进度；工作任务不能按时完成，影响工作绩效；与同事之间产生矛盾，影响工作氛围……这些都不利于企业的良性发展。

美国心理学博士艾尔森曾对世界上100名各个领域的杰出人士做过一项问卷调查，结果令人吃惊。在这100个人中，有61%的人坦诚地说，他们所从事的职业并非内心最喜欢的。通过调查，他发现这些人能够取得如此成就，除了聪颖和勤奋，靠的就是他们内心强烈的责任感。

OKR 通过层层分解目标，将工作任务落实到每一个部门、每一个人身上，并进行书面记录与公示，这样大家都能明确自己的目标，承担起自己的责任，规范自己的行为，知道自己该做什么、不该做什么。每个人的 OKR 都是本人制定、本人宣布、本人执行、本人回顾、本人打分、本人改善提高，因此能够激发员工的责任意识。

总而言之：我的 OKR 我做主!

OKR 视觉化：时刻提醒自己的承诺

将 OKR 视觉化，这样就能时刻提醒自己聚焦目标，增强自己的责任意识，同时也有利于提升我们的工作执行力和工作效率。

那么，我们如何视觉化本人的 OKR 呢?

我们可以准备一个记事本或者便笺，将 OKR 写在上面，然后贴到自己的工位上，或者贴在电脑旁边，这样就可以时时提醒我们要做什么事，要完成什么工作。我们也可以将 OKR 输进电脑里，然后打印出来，挂在自己目所能及的地方。还可以将 OKR 制作成我们的电脑屏保。

当我们的工作目标和工作计划就在眼前时，它能提醒我们将注意力放在最重要的事情上面，关注工作进度，提升自己工作的责任感、目标感和紧迫感。

我就是把我的工作 OKR 和个人进修 OKR 贴在自家客厅的白墙上了，每天吃饭一抬头就看到自己的承诺，提醒自己做了没有，进度如何。（见图 3-4）

图 3-4　个人 OKR 视觉化示意图

自我激励，增强责任感

英国护理业鼻祖弗罗伦斯·南丁格尔曾说："找借口是不应该的。我的成功归于我从不找借口，也绝不接受借口。"

那么，除了我们上面提到的方法，还有什么其他方法可以增强自己的责任感呢？我的建议是自我激励。

自我激励是指个体具有不需要外界奖励和惩罚作为激励手段，

能为设定的目标自我努力工作的一种心理特征。比如，当在工作中遇到难以解决的问题时，我们不是怯懦地说"我不行"，而是不断告诉自己"我可以"，通过心理暗示的方式为自己注入"鸡血"。

如何自我激励呢？下面我介绍几种我常用的自我激励的方法。

勾勒愿景，树立远景

有些人在工作中消极懈怠，懒散颓废，根本在于他们对自己的工作没有清晰的规划。如果清晰规划自己的目标，知道自己为什么而工作，就能找到奋斗的意义。我辞职之后开始成立自己的工作室，我给工作室定的目标是：让工作室成为中国企业管理创新变革的引领者。这个目标我觉得够远大，可以让我下半辈子有的忙活了。

离开舒适区，制定具有挑战性的目标

有些人没有工作的紧迫感，是因为没有给自己施压，目标定得太小。提高自己的目标，能够激起我们的工作动力。制定的目标要清晰，有具体的截止时间，可衡量。

为了提高自己的专业能力，我给自己定了个小目标：每月看专业书 5 本，这相当于每周看一本多。由于我常年出差飞行，固定看书时间并不多，最后我找到了最佳看书时间，就是在飞机上，没人打扰。但是这样还是很有挑战性的，因为有时候比较累，所以我的目标可能达到了七成左右。

重新诠释对失败的理解

事情并非发生在我们身上，而是为我们而发生。一时的失败并非永远的失败，而是一次学习的机会，更是我们通往成功的阶梯。如果遭受了领导的批评，我们可以将它当成磨炼自我的机会。

所以，每次遇到挫折，我就对自己说：太好了，又给了我一次成长的机会，凡事必有其因果，必有助于我。

自省，创造性思考

如果努力了也未得到想要的结果，我们就要进行创造性思考，与自己对话："我为什么没有达成目标？是项目有问题吗？是我的工作方法不对吗？我需要做出哪些调整？我可以寻求哪些帮助？"此外，我们还可以问自己："我是否有进步？我工作中有哪些可取的地方？"

这个世界是平的，你要相信自己可以拥有你希望的资源，只要你愿意去寻找。

我从小学开始美术能力就特别差，不会画画，一直不自信，做了培训师后，对自己的板书一直不满意。看到非常好看的板书和图画，我非常羡慕。于是我决定采取行动，不能再坐等下去。我问一个画得好的朋友，你天生就会画吗？她说她是学习后才会画的，我一下子就有信心了，我也可以学。后来经朋友推荐，我学习了德国的视觉呈现课程。猜猜现在状况如何？我上完课，我的学员忙着把我的板书拍下来，边拍边说："老师的板书不仅有用还好看。"我挺开心，我从小学开始的这个遗憾终于在 50 岁的时候被弥补了。

小贴士

自我激励

- 成功之后奖励自己吃冰激凌
- 每天早上起来对着镜子说：我是最棒的
- 回想自己的巅峰时刻
- 告诉好朋友自己的想法
- 先开始一小步
- 记住：完成胜于完美

著名石油大王洛克菲勒说："一个企业所缺少的，并不是能力特别出众的员工，而是具有强烈责任感、时刻把责任和使命记在心头的人。"积极的人为成功找方法，消极的人为失败找借口。推卸责任看似逃脱了一次惩罚或者批评，但其实是失去了一次成功的机会。而且，领导往往不会轻易被蒙蔽，那些偷奸耍滑、投机取巧、推诿责任的人，很难取得上司的信任。只有那些勇于承担责任，积极主动解决困难的人，才是领导赏识的人。

3.6　让工作业绩实现创新突破

　　金昌顺是海尔的一名普通员工，经过培训之后，他做了海尔冰箱的总焊接工。他非常喜欢这份工作，立志要做"海尔焊接王"。

　　然而，他的工作热情却因为一次比赛大受打击。在比赛中，他发现比自己优秀的人很多。带他的师傅鼓励他说，只要每天坚持进步一点点，日积月累，总有一天，他的技能可以实现几何级的提高。在师傅的鼓励下，金昌顺每日苦练基本功，还经常下班后找到一些废弃的切割管子练习焊接技术。经过长时间的努力，金昌顺的焊接技术果然有了质的飞跃，成为海尔集团的焊接高手。

　　案例中"成为海尔焊接王"就是一个非常鼓舞人心的目标。金昌顺能够坚持自己的目标，不断提升自己，是因为这个目标让人实现了自我激励和自我超越。OKR能够有效激励员工不断超越自我，实现工作业绩的指数级增长。

自我超越

　　随着人们生活水平的提高，需求层次也在不断上升，对于很多人来说，他们做事的动力往往不在于外部的激励，而在于内在动机。格鲁夫通过对马斯洛需求理论的研究发现，对于有些人来说，他们能够通过自我激励挑战自己的能力边界，实现自我超越。

OKR 是一种目标管理工具，通过设定挑战型目标，能够激发员工的内在动机，实现自我超越。挑战型目标有助于实现最大产出，正如格鲁夫所说："如果领导者希望自己和下属都能取得最佳绩效，那么，设定具有挑战性的目标就是非常必要的。"

因此在工作中，我们要敢于设定"胆大包天的目标"，要相信星星之火可以燎原。

设置信心指数

拉里·佩奇说："大多数人倾向于认为某件事是不可能发生的，而不是回归现实世界的本源去寻找可能实现它的机会。"保守的目标会阻碍创新，OKR 激励我们设定具有挑战性的目标，使我们能够不断发挥自己的潜能，实现人生的各种可能。

在制定 OKR 的目标时，如何才能知道我们设定的目标是否具有挑战性呢？

我们可以用信心指数来衡量。信心指数犹如仪表盘，能够帮助我们监控 OKR 是否具有挑战性。在制定关键结果时，我们可以设置一个初始信心指数，即预计该关键结果成功的概率是多少。

建议初始信心指数可以设定为5（范围为1~10），即针对这项任务，当前有50%的信心完成它。如果低于这个数值，说明目标定得过高；如果远远高于这个数值，说明目标有点简单，不具备挑战性。一般我认为5~8属于合理的数值。

设置信心指数，有助于鼓励我们不断向挑战型目标前进，而不是纠结最后分数的高低。

在复盘时，我们根据信心指数的高低，确认工作成果是否符合预期。例如信心指数为5的工作，如果最后OKR的打分是6分（满分为10分）也是值得鼓励的。而信心指数为9的目标，OKR打分最好为10分，如果只有9分，说明该项结果完成得不够完美。OKR虽然不追求分数本身的高低，但是要确保自己真的在突破与挑战自己。

某企业高管的OKR（如表3-8所示）很好地说明了这一点。

表3-8　某位企业高管的OKR与信心指数

目标（O）	关键结果（KR）	信心指数（1~10）
"精准、高效、及时、合规"地保障公司采购和物资供应	KR1：按照物资保障计划和采购目录，95%的项目在计划时限内完成采购，到货及时率达到98%	8
	KR2：从严控制非公开采购比例，降低采购风险。公开采购率≥96%，竞争性谈判采购率≤6%，单一来源采购率≤6%	6
	KR3：公开市场/专业市场全年累计采购占比达到30%以上	5

"六顶思考帽"

我们每天在工作中总会遇到各种各样的问题和困难，它们是我们提升工作效率、实现业绩增长的障碍和拦路石。很多时候，这些问题表面上解决了，可并未得到根治，它们会在我们以后的工作中不停地给我们使绊子。

为了有效地解决这些问题，我们需要找到问题的源头，将问题逐步分解，并运用创造性的工具和方法在工作中将它们逐一击破。我们可以学习一些创新课程，掌握一些创新工具，培养自己的创新思维。创新思维大师爱德华·德博诺提出"六顶思考帽"的思维方法，用六顶不同颜色的帽子代表六种创新思维方式，分别是白色、绿色、黄色、黑色、红色、蓝色的帽子，如图 3–5 所示。我在辅导京东实施 OKR 的过程中，看到他们在墙上贴出了六顶思考帽，助力 OKR 的落地。

白色帽子代表一种中立视点，指根据客观资料和数据来判断。比如，当一个销售人员在制定下个月的 OKR 时，他可以利用白色思考帽进行思考：我这个月的业绩是多少？我有多少客户资源和潜在客户资源？

绿色帽子代表一种创造视点，指用创新思维考虑问题。我们可以用绿色思考帽思考，什么样的创新关键结果可以更好地实现目标，有哪些办法可以帮助我们提高工作效率。

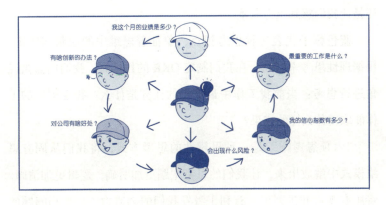

图 3-5 六顶思考帽

注：图中1~6分别为白色、绿色、黄色、黑色、红色、蓝色帽子。

黄色帽子代表一种乐观视点，指寻找事物的优点和光明面。当我们制定OKR的目标和关键结果时，我们可以用黄色思考帽思考，完成目标能带来什么好处，能为公司带来多少效益。黄色帽子让我们对整个OKR充满乐观态度。

黑色帽子代表一种批判视点，指从事物的缺点和隐患看待问题。我们可以用黑色思考帽思考，在执行OKR的过程中可能会有哪些问题，出现哪些风险，我们需要提前做好哪些备份，等等，以利于我们提前做好预防措施。

红色帽子代表一种直觉视点，指直觉感性地看问题。当我们制定好OKR之后，我们可以问自己，这个OKR给我们什么样的感觉，我们的信心指数是多少；它是让我们充满干劲、有激情，还是让我们感到压力重重。

　　蓝色帽子代表一种思考视点，象征着思维中的控制与组织，根据理性思考来判断。在我们制定 OKR 的目标时，我们用蓝帽视角进行思考：当前我工作中最重要的任务是什么？我希望我的工作能取得什么样的成果？

　　"六项思考帽"是一种思辨性的思考方式，将我们从固有思维模式中解放出来，让我们的思考主题更加明确，逻辑更加清晰。将所有观点并排列出，有利于激发我们的创造力，寻找到问题的解决之道。

　　"六项思考帽"将思考过程分为六个不同的维度，通过假想式转换"帽子"，使我们可以轻松聚焦思考维度，而这正是我们实施 OKR 需要的思维模式。OKR 不仅仅是一种工具，它还是一种思考模式。OKR 思维加上"六项思考帽"的组合思维模式更加完整与完美。

4

用 OKR 实现
职业生涯的
突破

一个人的一生，就是工作和生活的一生。所以，从美国硅谷开始倡导的 OKR 工作法慢慢传播开来，很多职场人士也把 OKR 用于生活，我决定在中国推广 OKR 工作法的同时也传播 OKR 生活法，因为 OKR 就是人的一种活法。

　　职业生涯是人一生中最重要的历程，对人生价值起着决定性的作用。所谓职业生涯，是指人一生中的工作经历，特别是职业、职位的变动及职业目标的实现过程。每个人的职业生涯都要经历几个阶段，分别为成长阶段、探索阶段、确立阶段、维持阶段和下降阶段。成长阶段发生于 0~14 岁，主要任务是认同并建立起自我概念，对职业好奇，并逐步有意识地培养职业能力。探索阶段发生于 15~24 岁，主要通过学校学习进行自我考察、角色鉴定和职业探索，完成择业及初步就业。确立阶段发生于 25~44 岁，它是大多数人工作生命周期中的核心部分。维持、衰退阶段则是维护已获得的成就和社会地位，逐步退出职场和结束职业的过程。

在这一章，我们主要针对职业生涯的确立阶段进行重点分析。因为在这一阶段的人大多都处于"忙、盲、茫"的工作状态：虽然每天不停地忙，然而业绩却并不出彩；不喜欢做当下的工作，无法提起对工作的兴趣，却不清楚应该朝哪个方向发展；职业发展遇到瓶颈，徘徊不前，看不到前途，却不知道如何改善当下的境遇；想要更稳定的工作、更高的收入，却对跳槽犹豫不决。

那么，作为职场人士，我们应当如何发展自己的优势，确定自己职业生涯的发展方向呢？当人生梦想遭遇职场天花板时，我们要如何抉择呢？如何进行职业转型，开启"第二春"，实现自己的人生梦想呢？又如何成功跳槽，实现职位越跳越高，收入翻倍呢？

我的建议是使用 OKR 方法来确认和推动自己的职业发展路径。OKR 不仅可以用来管理我们的工作目标，还可以帮我们不断地突破自我，使我们成为更好的自己，从而实现我们的人生目标。希望每个人都能成为职场上行走的 OKR。

4.1　职业生涯确立阶段，该如何规划？

从师范大学毕业之后，我回到浙江老家做了一名初中英语教师。每天两点一线，生活平淡得像一壶白开水。因为我喜欢追求创新与变化，所以我觉得那并非我想要的生活，想要改变自己的境遇，换一种工作环境和生活状态，于是我利用空闲时间学习，考上了研究生。

1996 年，我研究生毕业之后来到上海继续做了 5 年英语老师。当时外企进入国内，有很多的工作机会。由于我有着做英语老师的工作经历，再加上我本身喜欢育人，因此我很顺利就进入外企做培训。经过 20 年的时间，我从培训助理一路奋斗到了人力资源副总裁。

大约在 2013 年，谷歌经理里克·克劳斯将其掌握的 OKR 管理方式在互联网上分享，于是我开始研究 OKR。我自己是美国人力资源协会的会员，所以特地去美国学习了这一管理方法。我很想把 OKR 这一管理模式在中国推广，使中国企业能有所创新和突破。而随着年龄渐长，我也开始考虑自己的未来，思索自己职业生涯的最后一段旅程。所以在 2016 年，在临近 50 岁的年纪，我果断辞职，创办了姚琼工作室。如今，姚琼工作室已成为中国 OKR 培训行业的布道者和领跑者。

我人生的各个阶段就是在不断地挑战自己。无论是做英语老师、读研、到上海工作，还是继续学习、辞职创业，我都在不断地给自己设定新目标，去实现自己的人生价值。我一直在践行一种精神，我认为这种精神就是"OKR 精神"。（见图 4-1）

图 4-1　我的三级跳

凡事预则立，不预则废。OKR 完全可以帮助我们提前规划职业生涯。

职业生涯确立阶段的特点

首先我们需要了解职业生涯确立阶段的特点，结合特点才能更好地设定 OKR 中的目标。

职业生涯的确立阶段可以分为四个时期：迷茫期、成长期、成熟期、转型期。

迷茫期是工作后的 1~3 年，这个时期由于工作经验不足，我们会陷入迷茫，很容易选择跳槽。

成长期是工作后的 3~5 年，我们对组织文化已经比较熟悉，也建立了一定的关系网络，但很多人会满足于现状，开始安稳度日。

成熟期是工作后的 5~10 年，这一时期我们的工作逐渐走向稳定，可能会遭遇"职场天花板"。

转型期是工作后的 10~20 年，经过多年工作经验、技能、资金的积累，我们逐渐走向事业的巅峰期，但是由于外界原因，会遭遇中年危机。

这四个时期的特点、状态及我的相关建议，如表4–1 所示。

每个时期都有着不同的特点，我们可以根据自己所处阶段的特点，设定相应的 OKR 来规划我们的职业生涯。

表4–1　职业生涯确立阶段的四个时期

职业生涯确立阶段的四个时期	工作年限	特点	状态	建议
迷茫期	1~3	频繁跳槽	无方向，无能力	测评职业发展方向
成长期	3~5	温水煮青蛙	有方向，无能力	加强核心能力学习
成熟期	5~10	职场天花板	有能力，无方向	内部转岗/外部跳槽
转型期	10~20	中年危机	有方向，有能力	开启斜杠人生/发现人生发展第二曲线/转行/做行业专家

设定职业生涯目标，明确实现目标的关键结果

在制定职业生涯 OKR 目标时，必须充分考虑到各个时期的特

点，并依据我们自身的实际情况及行业的相关状况设定目标。

第一，职业目标必须是清晰的，具有一定的挑战性。安德鲁·卡内基说："如果你想要快乐，设定一个目标，这个目标要能指挥你的思想，释放你的能量，激发你的希望。"具有挑战性的目标能激发人的斗志，反之则会使人产生懈怠心理。比如在"青黄不接"阶段，制定了学会某项技能的目标，例如学习新编程软件 Python，其实稍微逼自己一把，半年内就能掌握，但是你给自己规定的时间是 1 年，就无法对自己产生很大的驱动力。

第二，制定的目标要有挑战性，但是不能好高骛远，让目标根本无法实现。比如你现在月薪 5000 元，自己制定了 1 年内通过跳槽月薪涨到 3 万元的目标，但其实你的真实能力最多可以使你涨薪到 8000 元，这样远远超出自己能力范围的目标会使自己遭受挫败感。另外，涨薪是公司决定的，不属于自己的可控范围，制定这样脱离现实的 OKR 没有意义。

第三，实现目标的战线不可太长，要将目标进行适当分解，制定阶段性目标，这样更加敏捷灵活，还可以根据实际情况进行调整。比如，在创业公司为自己制定一个三年内从普通职员上升到中层管理者的目标，我们可以先设定每年的年度目标：第一年成为项目主管，多做几个跨团队项目锻炼自己的管理能力；第二年成为项目经理；第三年争取晋升为部门经理。

第四，要根据目标设定相应的关键结果，关键结果必须能够支撑目标的实现。关键结果要与目标相一致，有年度关键结果、季度关键结果、月度关键结果。其中关键结果并非固定不变，可根据实际情况及时调整与完善。但是目标最好坚持下去。

成为中层管理者之前的每一年的目标都需要分解到季度，第一年想做项目主管，那么季度OKR就是考虑如何去成功实现成为项目经理的里程碑成果，再将其分解为月度具体计划。要明确优先级，先做什么，再做什么，最后落实到每天的行动。有了这样的大目标指引，你每一天的工作都是在为未来的那个优秀的自己打工。

第五，关键结果要量化，这样才能更好地根据计划执行。以某公司小王的职业生涯OKR为例，如表4-2所示。

表4-2　小王的职业生涯OKR

O1：3年内成为公司中层经理	O2：1年内成为项目主管
KR1：第一年100%完成项目，成为项目主管	KR1：主动承接公司创新项目至少3个
KR2：第二年完成跨团队项目2个，成为项目经理	KR2：所有项目100%按期交付
KR3：第三年绩效考核为优，晋升本部门经理	KR3：项目质量100%达到客户制定的标准
KR4：每年至少参加两门管理课程学习，提升领导力	KR4：1年内拿下项目管理证书和敏捷开发证书

每一年我都会为自己订立工作和学习的OKR，下面分享一下我2019年的工作和学习OKR，如表4-3所示。

表4-3　我2019年的OKR

O1：成为中国最具影响力的OKR教练	O2：大力提升自身专业能力建设
KR1：2019出版《OKR使用手册》（2019年4月已出版）	KR1：浏览全球管理/绩效/OKR相关图书（至少每月5本）（完成了七成）
KR2：每月在全国开设OKR公开课，每年辅导企业过百（已经完成）	KR2：参加全球顶尖商学院课程学习（12月）（没有完成，2020年继续做）
KR3：推出2~3个OKR音视频系列课程，把OKR传播给更多企业（完成）	KR3：继续参加并完成美国ICF（国际教练联合会）教练个人模块的课程学习相关课程（2019年4月完成）
KR4：通过OKR咨询业务项目，在中国塑造OKR标杆企业5家，助力企业绩效变革（完成）	KR4：创作一本关于OKR的书，在全国推广OKR，教会大家将之用于工作、生活和学习（完成，就是你看到的这本书）

4.2　"蜻蜓点水"的职场人，未来在哪里？

小梁毕业已经两年了，然而两年的时间里他已经换了四次工作。他大学学的是英语专业，毕业之后去一所民办学校做了英语教师。后来觉得工资不高就辞职了，到了上海的一个教育机构做咨询员。但是由于经常加班，工资也不是很稳定，小梁又辞职了，先后做了保险推销员和办公器材海外销售员。

两年的时间里，小梁走马观花似的换了四个不同类型的工作，现在他又打算跳槽了，准备去一家各方面都不错的互联网企业，然而他心里又很没有底气。（见图4-2）

图 4-2 迷茫中频繁跳槽的小梁

在职场中有很多像小梁一样的人，他们毕业之后不停地换工作，这个工作试一下，那个工作试一下，如"蜻蜓点水"一样。他们认为"三百六十行，行行出状元"，因此每当对工作失去兴趣或者遇到一些困难之后，就会选择跳槽，结果却是越跳越糟。有研究报告表明，95后离职率非常高，第一份工作平均维持时间才7个月，他们不知道自己到底喜欢做什么，适合做什么。

究其原因，就在于这些人没有清晰的职业目标，对自己的职业生涯没有做好规划，只是盲目地去工作。这样的人在工作中很容易成为隐形人，由于没有优势，很难被人记住，也很难得到更好的发展机会。

那么，OKR 的运用是否可以帮助到这些"蜻蜓点水"式的职场人呢？

正确认识你自己

盲目地找工作，就像是在路边随意坐上一辆车，你不告诉司机目的地，却期望他能带你到一个让你满意的地方，这样风险是很大的。对于像案例中的小梁一样盲目找工作的人来说，最重要的不是忙着跳槽，而是要先确定自己的职业目标，明确发展方向，制订好职业发展规划，再有针对性地找工作。

很多人都不知道该如何规划自己的职业生涯，因为他们不知道自己能做什么，该做什么，会做什么。归根结底，还是在于他们不够了解自己。

那么，我们要如何发现自己的优势呢？

我们可以借助一些专业的职业测评工具，比如九型人格测试、MBTI 职业性格测试、霍兰德职业兴趣测试等，来了解自己的个性和天赋，分析自己适合或者擅长的职业。

这里以霍兰德职业兴趣测试为例，来讲述如何通过测评工具来了解自己。

霍兰德职业兴趣测试，是由美国职业指导专家约翰·霍兰德（John Holland）根据他本人大量的职业咨询经验及其职业类型理论编制的测评工具。

霍兰德认为，个人职业兴趣特性与职业之间应有一种内在的对应关系。根据兴趣的不同，人格可分为研究型、艺术型、社会型、企业型、常规型、现实型六个维度，每个人的性格都是这六个维度的不同程度组合，如图4-3所示。

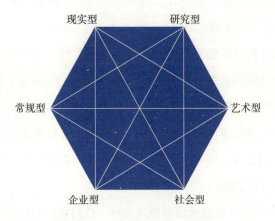

图4-3　霍兰德职业兴趣测试

- 现实型：厨师、技工、修理工等技能型人员；计算机硬件人员、摄影师、制图员等技术型人员。
- 研究型：科学研究人员、工程师等。
- 艺术型：演员、导演、艺术设计师、摄影家等；歌唱家、作曲家等音乐人；作家、诗人等。
- 企业型：项目经理、销售人员、企业领导、律师等。
- 社会型：教师、教育行政人员等教育工作者；咨询人员、公关人员等社会工作者。
- 常规型：秘书、办公室人员、会计、行政助理等。

选择正确的方向

根据测评结果，找到自己的职业方向。你需要了解自己最倾向于哪个类型的工作。

例如，我以前的测评显示，我属于现实型、研究型、艺术型偏弱，社会型和企业型偏强，那么我在企业做了 20 年工作之后开始做培训咨询，职业方向符合企业型＋社会型。

一个人在职业生涯中会经历许多阶段，面对很多选择，这是一个连续的过程，要每次都做出正确的选择非常困难，但关键是要保证方向是正确的。

OKR 中的 O 是指你最想要的东西。我们要问问自己最想要什么、擅长什么、喜欢什么等。通过深入分析，做好职业定位，确定自己的职业目标。当确定目标之后，再通过设定相应的关键结果，一步步实现自己的职业目标。

正确认识你自己，这是职业规划的第一步。接下来要做的就是锁定职业方向。我们可以从在学校所学专业着手，也需要对当下行业和岗位的发展有所了解，综合考虑之后再进行职业规划和选择。

首先，通过国家统计局发布的行业报告，了解国内的行业分类及各个行业的发展状况，也可以通过招聘平台发布的就业信息报告，了解各行业求职招聘数据。我们要了解行业生命周期，每个行业都会经历起步期、成长期、成熟期、衰退期四个阶段，我们要尽量选择在整个行业向上发展的拐点进入。其次，选择行业方向还需要结合时代环境。由于社会的发展，科技、娱乐、餐饮、旅游等领域越来越受到重视，那么，我们在选择行业时需要顺应趋势，优先考虑这些行业。例如，我认识的一位学习电视编导的学员，毕业后去了今日头条工作，这就是专业与新媒体的很好结合。

据 BOSS 直聘研究所发布的数据，2018 年薪资"最高"的十大行业分别是：互联网、金融、专业服务、房地产、通信、电子 / 半导体、工程施工、医疗健康、交通运输、教育培训。

小贴士

热门行业与职位

十大热门行业	十大热门职位
• 互联网、电子商务	• 销售岗：如销售代表、销售经理、助理
• 计算机软件	• 普工/技工：如操作工人、焊工、电工
• 计算机硬件、网络设备	• 计算机/互联网/通信岗位：软件工程师
• IT服务	• 生产管理/研发岗位：产品经理、研发经理
• 电子、微电子	• 人事/行政/后勤岗位：人事经理、行政专员
• 通信	• 电子/电气岗位：电子工程师
• 专业咨询服务	• 财务/审计/统计岗位：财务主管、审计经理
• 房地产	• 实习生/培训生/储备干部岗位：管培生
• 机械制造	• 机械/仪表仪器岗位：硬件工程师
• 证券、期货、基金	• 贸易/采购岗位：采购员

资料来源：58同城招聘研究院《2019中国卓越雇主报告》

确定职业目标，制定 OKR

相信很多人都听过这样一句话：心有多大，舞台就有多大。梦想的高度，往往决定了人生的高度。我们要敢于为自己树立一个高远的职业目标。

我们可以问自己几个问题：十年之后，我希望自己是什么样的状态？我的收入要达到多少？我要做到什么职位级别？我所在的公司大概是什么规模？我会带多少人的团队？我的工作性质是什么？

在考虑这些问题时，要参考自己所在城市 / 行业的状况及所在岗位的平均水平，同时还要预估家庭开支状况。

以案例中的小梁为例，经过测评，他的职业性格属于偏企业型，语言能力是他的优势。如果他想要在 10 年之后成为著名互联网企业总监，年收入 100 万元，那么，时间从 10 年后往现在倒推，他需要在 8 年之后拿到 80 万元的年薪，5 年之后达到 50 万元左右的年薪水准，做到产品经理的位置。这就意味着他需要在 5 年内成为主管，3 年内做到高级专员，2 年内做到初级专员。而他当下要做的是，能顺利进入互联网创业公司做海外业务。要实现这一目标，他可以为自己制定这样的 OKR，如表 4-4 所示。

刚步入职场的年轻人，最应该做的不是辞职或者频繁地跳槽。如果所在行业是自己喜欢的，建议在一家公司至少待 3 年，这样才能有行业积累和经验。然后认真思考自己的职业发展方向，为自己定下一个长远的、具有挑战性的目标，通过对长远目标的划分和拆解，逐步细分到当下的短期目标，通过制定OKR来落实最终的行动，有针对性地补充相关技能。相信只要按照自己的职业规划路线不断努力，我们最终都能实现自己的职业目标。

表4-4　进入互联网创业公司工作OKR

O：一年内跳槽进入互联网创业公司工作	
KR1	每月海外业务销售目标额完成度达到120%，做到本公司最优，行业领先
KR2	每天在"英语流利说"App练习商务口语30分钟
KR3	参加项目管理学习，拿下PMP（项目管理专业人士资格认证）证书
KR4	每季参加行业峰会/展会，认识至少10位创业公司人事部门人员或负责人

4.3　"温水煮青蛙"的工作状态，如何突破？

19世纪末，美国康奈尔大学的一个科学家做了一个实验。他把青蛙放进装有热水的杯子里，青蛙立刻跳出来。而当科学家把青蛙放进盛有温水的杯子并慢慢加热时，刚开始青蛙非常安逸地在杯中游来游去，可是随着水温渐渐升高直至青蛙无法忍受时，它想跳出来却已经心有余而力不足了，最后死在了热水中。

这就是著名的"温水煮青蛙"的故事。这个故事告诉我们，一种习惯的生活方式，也许会对我们造成威胁。当习惯于安逸的工作环境时，我们就会放松对自己的要求而不思进取，得过且过，最终丧失抵御风险的能力。

法国作家罗曼·罗兰在《约翰·克利斯朵夫》中写道："大部分人在二三十岁时就死去了，因为过了这个年龄，他们只是自己的影子，此后的余生则是在模仿自己中度过，日复一日，更机械、更装腔作势地重复他们在有生之年的所作所为，所思所想，所爱所恨。"

那么，如何用 OKR 突破"温水煮青蛙"的工作状态呢？

走出舒适区

28 岁的小赵是从某知名大学毕业的硕士，毕业之后就到了一家大型汽车企业做培训主管。这个工作，看似光鲜体面，然而却让小赵觉得苦恼：每天都在做重复性的工作，毫无挑战性。小赵每天做的基本都是一些事务性工作，比如发布通知、联系老师、安排行程、打印教材等，而且工资并不高。

　　小赵其实是进入了一种"温水煮青蛙"的状态。要走出这种状态，她需要走出舒适区。

　　美国心理学家诺埃尔·蒂奇将我们的认知世界分为三个区：舒适区、学习区、恐慌区。（见图4-4）

- 舒适区：知识或者任务没有难度，在我们的能力范围之内，能让我们感到舒适。
- 学习区：任务难度略高于我们的能力范围。
- 恐慌区：任务难度远超现有能力范围，令人不仅得不到成长，还会产生恐慌。

图4-4　认知世界三区图

　　在舒适区里，人会觉得舒服、放松、稳定、能够掌控、很有安全感。但沉溺于舒适区的人，会变得懒散、懈怠，毫无进取之心，久而久之，就会感到迷茫和无助。

人在职场，必须要有忧患意识，时刻为自己充电，这样才能保有竞争力，使自己能在公司里立得住，即便离开原来的公司，也有重新找到一份工作的勇气和底气。我们需要走出舒适区，进入学习区，明确自己在专业知识和技能方面要达到的目标，然后通过目标分解制定 OKR，再通过大量的训练使自己的技能得到提升。

中国著名教育家陶行知说："思想决定行动，行动养成习惯，习惯形成品质，品质决定命运。"走出舒适区，主动寻求改变，才能激发我们学习新事物的动力和野心，才能使我们在面对工作中突如其来的变化时以积极的心态应对，才能使我们越来越愿意接受新的挑战，不断突破自己的极限。

打造核心竞争力

小丽毕业之后，进入了一家房地产公司做高层楼盘销售顾问。几年之后，随着房地产市场的饱和、国家政策的调控及更年轻面孔的冲击，很多人选择转行。小丽觉得自己必须做出改变，于是她为自己确立了新的目标——做别墅楼盘的销售顾问。为了能够更好地与客户进行交流，她利用空闲时间去参加各种培训，学习销售技巧、客户心理学、大客户管理等。此外，她还注重提升内在修养，看名人传记，学习理财、茶艺、红酒鉴赏等。后来她如愿做了别墅楼盘的销售顾问，在别墅楼盘销售收尾之后，她成功跳到另一家实力雄厚的地产企业做客户部经理。

小丽通过学习，打造了她的核心竞争力，使她的职业生涯节节高升。所谓核心竞争力，是指不易被他人效仿的、具有竞争优势的知识和技能。比如，你英语不错，但是别人也不差，那么英语只能算是你的竞争力之一，不能算是核心竞争力，除非你到了可以同声传译的水平。

核心竞争力有三大要素：一是人生定位，即你是谁，你想做什么，你能做什么；二是资源与能力，包括知识储备和人脉储备；三是行动和执行力，即将战略、规划转化为效益、成果的行动和能力。

我曾在外资企业做人力资源负责人 20 年，我认为核心竞争力是以下几点的综合体现：

- 学历（所学专业）
- 能力：技术能力 + 软能力（沟通、创新、领导力等）
- 行业经验
- 项目经验

· 行业证书

关于软能力，我设计了以下能力模型供职场人士参考借鉴，大家可以按照此模型进行培训学习。（见图4-5）

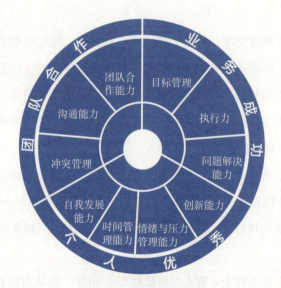

图 4-5　软能力模型图

毕业几年之后，学历和专业不再是核心竞争力的关键指标，而只是一个门槛指标。比如，某企业招聘时，在双一流院校和普通高校之间画线，将相关专业作为某一岗位的具体考量指标，但当有同类大学和专业的人来竞争时，其他竞争要素就成了你在较量中胜出的关键。

那么，如何打造自己的核心竞争力呢？

首先，我们要关注自身成长，找到准确的人生定位，这关系到我们职业的长远目标。

其次，要构筑自己的知识体系，提升职场技能。根据人生定位，有针对性地确定知识储备的目标，提升自己相应的技能，获取相关证书等。比如，销售员提升销售能力，培训师提升授课能力，程序员提升开发能力，管理者提升领导力，等等。

我们分析一下前述案例中的小赵应如何提升自己。

学历（所学专业）：小赵虽然是硕士，但是所学专业不是人力资源，所以做培训也是半路出家，但是她已经是硕士了，所以我不建议她在学历上深造。如果小赵是本科生，我会建议她攻读人力资源硕士学位。

能力：小赵缺乏培训技术能力，软实力也不够。建议通过学习培训相关课程提升专业知识，如TTT（职业培训师）培训、培训管理等。其他沟通能力可以在工作中向领导和同事学习。

行业经验：一定要在汽车行业继续发展，这样才能积累行业经验。即使是竞争每家公司都有的培训岗位，拥有行业经验的培训管理者也比普通培训人员更有优势。但是学习方向可以往汽车行业里面的新能源、新技术靠拢，这样会更有前景一些。

项目经验：一定要积极参与公司的培训项目/人力资源项目，哪怕做行政辅助工作，也要抓紧学习，例如在安排课程时自己也认真听课。因为你参与的每一个项目，都是你成长的台阶，是下一家公司看重你的资本。

行业证书：你需要清楚这个行业的专业证书有哪些。做培训一定要有培训师资格证书、培训管理能力证书，国际上认可的一些版权课程证书也是含金量比较高的，可以考虑获取。

小赵的职业发展方向就是未来慢慢向培训管理、人才发展等方向靠拢，争取成为汽车行业内比较专业的培训管理者。

我有一位学员是客户服务主管，我们一起讨论了她的核心竞争力发展 OKR，如表 4-5 所示。

表4-5　客户服务主管的OKR

O：5年内成为客户服务总监	
KR1	两年内获得著名大学MBA（工商管理硕士）学位
KR2	继续在本行业工作3年，积累经验
KR3	在公司内部获得最大客户服务项目管理能力，管理300人以上的团队
KR4	争取去公司海外部门轮岗半年，学习海外运用经验

（续表）

O：5年内成为客户服务总监	
KR5	年底前获得国际客户服务标准资格COPC（客户运营绩效中心）证书

4.4　遭遇"职场天花板"，如何开启职业生涯"第二春"？

　　一个学员向我倾吐了他的烦恼。3个月前，公司传出消息，会从他和另一名同事中选择一个晋升为部门经理。他信心满满，因为他在这家公司已经待了5年，终日兢兢业业，从不迟到早退，按时完成任务，而且他比参与竞争的同事进公司时间久。结果却出乎他的意料，同事一跃成为他的上级，而他却因为没能升职陷入迷茫。

　　很多人和这个学员一样，他们工作努力，然而到达某个位置后就难以继续往上走。这其实是因为他们遭遇了"职场天花板"。那么，OKR如何帮助我们突破职业瓶颈，开启职业生涯"第二春"呢？

重新定位，寻找上升通道

职场天花板是指在职场中，即便再有能力，达到一定级别之后，晋升的空间也有可能变得越来越小，从而在不同的阶段遇到自身发展的困局。

当人遭受职场天花板时，有的是工作能力和业绩无法再继续提升；有的是产生职业倦怠，工作效率和工作质量深受影响。各种瓶颈问题使人困扰不堪。

有很多客观因素会阻碍职场人的发展，以下不同类型企业中存在的问题是我这么多年来的观察所得。

- 外企：外国人做高层领导，不相信本地人，所以达到一定职位后很难继续升职加薪，例如有些公司亚太区负责人一定是外国人。
- 国企：论资排辈，优秀的年轻人没有耐心慢慢等待。
- 民企：老板说了算，随性。
- 创业公司：不确定性大，融资有风险。
- 互联网公司：行业变化太大，优秀人才太多，晋升岗位太少。

遭遇职场天花板，事业进入停滞期，这几乎是所有人都无法避免的问题。20 年前，这种问题大多发生在四五十岁的人身上，可是现在，陷入停滞期的人群越来越年轻化。

美国心理学家朱迪丝·巴德威克将停滞状态分为三种类型：结构型、满足型和生活型。

结构型停滞主要是由组织的结构或者阶层造成的，表现为晋升的停止；满足型停滞主要是由个人原因造成的，表现为专业技术人员满足于自己对业务的熟稔、过硬的技术，觉得当前工作乏味；生活型停滞主要是由个人生活态度造成的，毫无变化的生活和工作无法激起其内在的欢悦感。

无论是哪一种原因，想要打破职场天花板，必须从自己身上着手。停滞期是人生事业的正常阶段，并不可怕，真正可怕的是个人知识和能力的枯竭。很多人在遭遇职场天花板时，态度非常消极：有的无奈之下选择跳槽；有的失去进取心，开始混日子。学如"逆水行舟，不进则退"，工作也是如此，你不努力进取，最终将"长江后浪推前浪"，被职场新人拍在沙滩上。

当停滞期到来时，我们应当停下来，认真地思考和分析自己当前的状况，明确自己的当下状态，对自己进行重新定位，再通过学习充实自己，改变职场状况。

发掘优势，找到"金色种子"

面对职场天花板时，我们要先对自己进行分析，找到自己的优势。所谓优势，要满足三个条件：这方面曾经获得过成功或者得到过别人的认可；学习相关知识非常快，而且愿意去学，也相信自己能够学好；能让自己获得满足感的事情。

那么如何发掘自己的优势呢？哈佛大学心理学硕士、著名作家刘墉之子刘轩为我们提供了一套方法，即让我们问自己几个问题，如图 4-6 所示。

图 4-6 "金色种子"问题

从上面几项内容中找出共同点，那么，这些共同点就可能是你的"金色种子"，也就是你的优势所在。

找到自己的优势，然后深入发掘，形成自己的核心竞争力，这样无论是工作内容调整，还是跳槽，自己都有足够的底气掌握主动权。

我们还可以用盖洛普优势识别器进行优势测评。盖洛普优势识别器是由盖洛普公司历时50年开发出的一款独一无二的个人优势测评工具。盖洛普公司全球咨询业务负责人汤姆·拉思在《盖洛普优势识别器2.0》一书中提出了34种天赋。盖洛普优势识别器会优先排列出每个人所拥有的5种天赋。

作为盖洛普全球认证的优势教练，我自己也通过评测了解了自己的优势。

下面是我的前5项优势。

- 前瞻：我是一个幻想家，能够看到未来的种种。当人们陷入世俗烦恼时，我能为他们描述未来的画卷，为人们带来希望。
- 完美：愿意发现自己的优势，并积极培养、改进，将优势充分发挥。我愿意与欣赏我的人相处，喜欢结交能发现与培养自身优势的人。
- 成就：感到每一天似乎都是从零开始，渴望有所建树。对成就追求不懈，可能缺乏逻辑，但是永不满足，这迫使我朝一个又一个新的目标不断迈进。
- 目标：每年，每月，每周，我都做我爱做的事，并为此制定目标。我的专注力非常强，能够让我提高效率，因此，我难以忍受拖延、障碍、迂回。这使我成为一名可贵的团队成员，因为我的专注会提醒每个人目不斜视。

- **战略**：我能够通过日常琐碎之事寻找前进的捷径。当别人被复杂的事物迷惑时，我却能识别其中的规律，并将规律牢记在心，尝试各种不同的方案，直到我选定一条路线——这就是我的战略。有了战略武装，我开始出击。

感谢盖洛普优势识别器，因为了解了这 5 项优势，我更加坚定了自己辞职创业的决心，因为我选择的是发挥我优势的培训与咨询行业，又侧重在自己喜欢并研究了 20 年的目标管理与绩效管理领域。

三种职业方向

王某大学时学的是机械制造及其自动化专业，毕业之后进入一家企业做技术工作，成了一名技术工程师。然而在这个行业做了很多年后，他不但职位没有提升，工资也涨得少。30 岁时，他开始读 EMBA（高级管理人员工商管理硕士），两年后成功拿到证书，转行做了私募基金经理。

通过优势测评之后，我们可以根据测评结果确定如何换职业方向。我总结了换职业方向的三种常用途径。

在公司内找方向 / 转岗

在一个公司多个部门或者多个岗位上工作，将帮助你成为复合型人才，可能未来机会更多。我在爱立信的很多人力资源同事是从业务部门转岗过来的。她们既熟悉业务，又愿意从事人力资源工作，有自己的技术优势，是非常成功的转岗例子。我的一位学员是福建一家大型民营企业的 HRD（人力资源总监），在公司服务多年，非常熟悉公司业务，最近见面，她已经开始做分公司总经理了。如果内部有机会，一般我建议先在内部寻找，也要主动和领导及跨部门领导多沟通，发掘公司内部未来的机会，内部转岗风险比较小。

跳槽

遭遇职场天花板时，大家一般选择跳槽。跳槽有不可预测的风险，但是有些原则你需要把握：不要轻易换行业；不要轻易换职业；下一份工作一定是基于前一份工作的经验积累之上，这样才有价值；不要只看工资的增加幅度，更要看行业前景、公司口碑。

记住，你还会继续跳槽，你的每一次跳槽都是在为下一次跳槽积累行业和职业经验。

通过学习转行

通过跳槽换行业和换岗位比较有难度，一般建议在公司内部解决这些问题。但是如果你希望在外部寻找机会，你需要通过一些途径，通过提升学历晋升就是一个好的办法。我的一位朋友是技术项目经理，读了复旦的 EMBA 之后，被猎头挖去另一家世界 500 强公司做了新业务部门负责人。

我们要有"活到老，学到老"的心态，让自己的专业技能日益精湛；同时我也鼓励大家跨行学习其他技能，考取一些资格证书，提高自身竞争力，为自己增值，以在竞争激烈的职场中掌握主动权，防患于未然。

定好跳槽目标

在跳槽时，要明确跳槽目标。你跳槽是为了工资翻倍，还是想要升职；你是想换一个新的行业，还是想要换一个类型的公司。

关于跳槽方向，我有以下建议：

- 大公司的小主管，建议通过跳槽去小公司更高岗位做经理，因为小公司希望借鉴你的大公司工作经验，而且愿意支付高薪酬。通过这次跳槽，你可以直接晋升更高职位。

- 同理，如果你是大公司的部门经理，跳去小公司一定是做总监或负责人的。这样岗位晋级与薪酬增加都可以实现。已经有过大公司工作经验，一家和两家在简历上的价值差不多。

- 如果你是小公司主管，我建议你跳到大公司，哪怕做基础工作。因为在履历上有一段著名企业的工作经验，有利于再下一步的多方位发展。

- 如果你是外企主管，我建议你跳入民企。民企需要你带来外企的经验，所以一般会给你比较好的岗位和薪酬，当然，你一定要服民企的水土。

- 如果你在私企，希望稳定，可以找机会转向国企。但是如果你在国企得不到发展，我也建议你跳槽去民企寻求发展机会，前提是你对自己的能力有信心。

在跳槽之前，要先想清楚自己要进入什么样的公司，想做什么样的工作，从事什么样的职位，等等，再考虑清楚自己是否具备了相应的资质和条件。如果没有，就要利用跳槽之前的时间储备资本——积累工作经验，提高专业技能，考取相关证书，提高技能等。

人人都认为最好的机会在后面，却忘了珍惜眼前的积累。一份工作的好坏，都是相对的，并非一成不变，随着个人能力的提升，新的机遇自然会来。一跳了之治标不治本，会让人心浮气躁。脚踏实地做好眼前工作，积累核心竞争力，在遇到天花板之前来一个华丽转身，才是正道。

小贴士

跳槽准备

1. 拿学历。

2. 考证书（市场上需要的行业证书）。

3. 做项目。

4. 学行业知识。

5. 和行业猎头保持良好关系。

6. 丰富自己的个人社交网站信息，如领英，方便猎头搜寻。

7. 发表行业文章。

8. 参加行业会议，拓展人脉。

4.5 如何度过"中年危机"?

电视剧《小欢喜》中，方圆本来是一家医药公司的法务工作者，负责一个部门，每月拿着稳定的工资，生活倒也安逸。可是突然有一天公司并购，他本以为自己会升职，等来的却是被辞退的消息，而且他是唯一被辞退的人。

方圆毕业于政法大学，有着多年的法务工作经验，却惨遭裁员。消沉了一段时间之后，他开始找工作，然而却屡屡受挫，四处碰壁，甚至竞争不过一个刚刚毕业的大学生。他想考律师证继续从事法务工作，然而年龄的原因使他没有勇气放下身段重新再来。最后，他选择了白天去开网约车，晚上去给电视剧配音。

案例中的方圆其实是遭遇了中年危机。"中年危机"一词，来自加拿大心理学家埃利奥特·贾克斯在《国际精神分析杂志》发表的一篇论文，文中说："在个人发展的过程中，存在一些关键的阶段，这些阶段呈现出转折点和快速过渡时期的特征。其中最不为人知而又最关键的一个阶段发生在35岁左右，我把它称为'中年危机'。"自此，中年危机成了人们热衷讨论的话题，很多人都会谈之色变，为此焦虑不已。

人到中年，承受着很大的压力，上有老下有小，还要背负房贷、车贷等；现有的知识体系、反应能力、接受新事物的能力等都在弱化，在职场中还要不断面对年轻人的竞争。稍不留神，就很可能会"掉队"。于是，很多人一到 35 岁左右，就开始陷入焦虑，无论是公司的前台，还是企业的白领，抑或是企业中层、技术骨干，都会深陷"危机"的泥潭。

其实，中年危机并没有那么可怕，它不过是我们的一生中所经历的一个心理低潮期。只要积极应对，定能实现人到中年的翻盘。我们可以用 OKR 进行自我教练，实现转型，帮助自己顺利度过中年危机。

自我教练，找到目标

一个网球教练在 20 分钟之内教会一个从未接触过网球的女人打网球，其实他并没有什么秘诀，而是让这个女人不必在意姿势，把注意力集中到网球上，当看到网球弹起时，用球拍击球就行了。果然，20 分钟之后，这个女人就学会了自如地击打网球。

这便是教练技术的由来。在第二章，我们曾介绍教练的定义，什么是自我教练呢？自我教练就是利用教练技术帮助自己确定目标，找到可以实现目标的资源，并落实到具体的行动上，最终实现目标。教练技术有四大武器，分别是聆听、发问、区分和回应。

在进行自我教练时，我们同样需要发问和回应，运用开放式的问题，进行自我问答，找到自己的目标。

世界潜能大师安东尼·罗宾在《唤醒你心中的巨人》一书中说："此刻该很认真地问问自己'我要怎样过未来的岁月？如果我想过所企望的明天，那么今天我得怎么做？什么是我的长远目标？我得马上采取什么样的行动？'"通过自我教练，我们能够弄清楚自己真正想要的东西是什么；通过提问和自答，我们可以弄清楚自己的目标，以及如何实现自己的目标。

我推荐用5W2H工具进行自我教练，如图4-7所示。

其中，when，where指环境，我们可以问自己打算从何时何地开始。

what是指行为，我们可以问自己，我能做的是什么，我的行动计划是什么，我能做的第一步是什么。

how指的是能力，我拥有哪些能力，我需要发展和培养哪些能力。how much指的是要做到什么程度，达到什么水平。

why指的是价值观，为什么它对我这么重要。

who指的是身份，我是谁，我想要成为什么样的人，我会成为什么样的人。

we指的是使命和愿景。使命是指对他人、社会、世界有什么价值；愿景则是指我想要的是什么，成功之后，我能听到、看到、感受到的是什么，我创造了什么，实现了什么。

图 4-7 5W2H 逻辑图

在进行自我教练时，我们可以问自己以下几个问题。

- 我真正想要的是什么？

- 为什么这个对我来说很重要？

- 我想要成为什么样的人？

- 我能给他人带来什么？

- 通过什么来衡量我是否得到我想要的，是否成为我想成为的人呢？

- 未来，我会如何看待我所做的事？

- 要实现我的目标，有哪些阻碍？

- 我有哪些可利用的资源？

- 要实现我的目标，我要做的第一步是什么？

- 谁可以成为我的支持者、帮助者？

通过自我教练，确定自己的长远目标之后，再将其逐步分解为小目标，制定 OKR。

我有一位高中同学，之前他是专门办理离婚案件的律师，已经 50 岁了，我们看看他是如何成功转身的。（见表 4-6）目前他已经是律师事务所投行业务法律负责人。他从一个离婚律师成功转到最热门的领域，展示出了自己的价值，手下带了一帮徒弟。

表4-6　律师的OKR

O：成为金融行业有竞争力的律师	
KR1	2年内完成中欧国际工商学院EMBA学习
KR2	每季度学习私募基金和投行知识，进入金融法律领域
KR3	2年内跳槽进入最著名的律师事务所做合伙人

斜杠：发展第二曲线

《纽约时报》专栏作家马尔奇·阿尔博（Marci Alboher）曾经是一位律师，后来参加了写作课。在写作课上，她意外发现自己在与陌生人沟通时非常开心，而且渴望挖掘出那些陌生人背后的故事。于是，她逐渐成为一名记者，采访了许多拥有多重职业的人。她根据自己的采访，写下了《一个人 / 多职业：斜杠事业的独创指南》一书，提出了"斜杠"的概念。之后，她开始频繁接受采访，并开始做一些演讲，于是，"演讲者"成了她的另一道"斜杠"。

关于斜杠青年，马尔奇·阿尔博给出了这样的定义：一群不再满足于"专一职业"的生活方式，而选择拥有多重职业和身份的多元生活的人群。在做好本职工作的同时，我们可以根据自己的爱好或者特长，选择一份斜杠职业。兼职兼薪，既能体现自己的热情和才能，也能为第二曲线的发展做准备，帮助我们更好地应对"中年危机"。

大多数事情的发展都会经历三个阶段：投入期、增长期、衰退期。职场也不例外，其发展趋势可以用一条横着的 S 形曲线来表示，如图 4-8 所示。

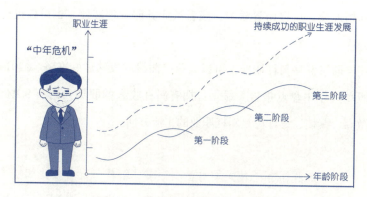

图 4-8　职业生涯的第二曲线模式

最开始是投入期，包括金钱、教育等方面的投入，这个阶段投入大于产出；接着当产出大于投入时，就进入增长期，可能会在某一时刻达到顶峰；巅峰期之后，不可避免地进入衰退期。

所以，我们很有必要发展自己的斜杠职业，创建职业第二曲线，以更好地应对中年危机。

第二曲线是由管理思想大师查尔斯·汉迪提出的概念，他说："人人都知道第二曲线是很重要的，但是有一个关键要点，第二曲线必须在第一曲线到达巅峰之前就开始。"因此，我们在某一职业中到达天花板之前，就要跳出对第一曲线的依赖，着手创建第二职业曲线了。

关于第二职业曲线，从本质上说，是寻找下一个增长点。我们可以从目前职业相关领域进行转变，也可以从完全不同的领域开始发展；可以跨界学习，或者从业务向管理转变，也可以进行创业。

通过发展斜杠职业，可以为第二曲线的成熟做好准备。《2019职场人年中盘点报告》显示：拥有斜杠收入的职场人约有 8.2%，微商、撰稿、设计等是斜杠职业的主流方向。

原腾讯副总裁吴军身上有很多"斜杠"标签，比如技术专家、外企高管、互联网企业高管、投资者、专家顾问、投资导师等，同时他还是一位畅销书作家，在"得到"开专栏授课，成了一名知识付费领域的"网红"。

表 4-7 是吴军 2017 年的学习计划 OKR 和出版图书 OKR。

表4-7　吴军学习计划和出版图书OKR

O1：完成学习计划	O2：完成《美国十案》和一本科普图书的初稿
KR1：上两门Coursera平台的课，一门法律的，一门生物的	KR1：10月份将两本书的初稿交给出版社
KR2：认真读10本书，再快速地读另外的10本	KR2：吸取之前的教训，提前和写推荐序的朋友打招呼

利用优势，成为专家

杰克·韦尔奇曾是通用电气公司的总裁，被称为"全球第一CEO"和"企业界一代宗师"。他曾无数次强调，"伟大的CEO就是伟大的教练"，成为一名教练也是他一直以来的愿望。2001年9月，杰克·韦尔奇退休，创办了杰克·韦尔奇管理咨询公司，为世界500强企业做教练培训，成为咨询领域的教练专家。

什么是专家？

《如何成为专家》一书中给出这样的定义：专家对于常见的工作有自己的模式和套路，形成工作的自然反应；他们对职责内的工作不仅知其然还知其所以然，并且可以在更大的背景下思考自己的工作，知道自己的能力范围和局限在哪里；他们不仅能完成自己的工作，而且能够站在更高的层面上"替"整个行业和领域进行思考和实践，能够创新性地提出系统化的方法论，解决新的、更复杂和宏大的问题。

专家有六大特征：专注于某一领域；在所在领域拥有丰富的知识，且掌握全面，能够创造新知识；能够主动积极思考；对于领域内的问题，能够利用积累的方法、模型和框架迅速解决；拥有好奇心，能够承认自己的不足；有自己的立场。

成为专家有两大核心关键：一是有清晰的目标和方向，二是能够持续不懈地付出努力。

我本人也正在往专家的道路上不断前行，我希望在中国企业的战略管理／绩效管理／目标管理领域，提出自己的模型框架和落地解决方案。

以下是我的一个学员听完我的课，立即为自己设立的成为行业专家的 OKR。（见表 4-8）

表4-8　成为专家的OKR

O：花5年时间成为XX行业资深专家	
KR1	坚持在工作之余，学习行业知识，每周在微信公众号发布学习心得一篇
KR2	在每年的行业大会上，分享经验至少一次
KR3	获得行业里面最有价值的证书
KR4	认识行业大咖至少三位，学习他人经验
KR5	寻找行业薄弱点，进行创新突破，提出自己的解决方案，出版行业相关图书一本

5

OKR 让你
实现幸福生活

"忙、茫、盲"成了越来越多人的人生写照。

　　20多岁的上班族，每天面对着做不完的工作，尤其是随着"996工作制"逐渐取代"朝九晚五"和周末双休，加班几乎成了常态，他们没有自己的生活，甚至没有时间经营爱情。

　　30多岁的工薪族，每个月除了维持一家人的开销，还要还房贷。沉重的压力，终日的忙碌，让他们下班之后只想安安静静地待着。他们没有心情去享受家庭的温馨，更忘了该如何表达对家人的在乎。

　　40多岁的人步入中年，蓦然回首，发现由于长期对家庭的忽视，已经找不到语言和妻儿沟通。而自己在事业上兢兢业业几十年，却还是一事无成。日子如一盘散沙，有人甚至默默等待被淘汰的命运，不知自己的未来又在何处。

　　"时间都去哪儿了，还没好好感受年轻就老了。"一首《时间都去哪儿了》不知唱出了多少人的心声。如何摆脱"忙、茫、盲"的人生状态呢？如何平衡好工作和生活，让一切变得张弛有度

图 5-1 "忙、茫、盲"的上班族

呢？如何正确表达爱，让自己的感情和家庭更加幸福呢？

逃离"忙、茫、盲"的怪圈，我们必须找到做事的正确方法。只有用对了方法，工作效率才能提高，事业才能节节高升，家庭才能更加幸福。OKR，就是正确的做事方法，它让我们做正确的事，并且把事情做正确。使用 OKR，将帮助我们找到目标，重拾信心，走向人生巅峰！

5.1 什么是幸福?

物理学界泰斗冯端年近百岁，他与 90 多岁的妻子陈廉方已经携手度过 60 多年。二人的幸福生活让很多人都羡慕不已。

他们是如何经营自己的幸福的呢?

60多年前,他们新婚度蜜月时,曾看过一树盛开的樱花,此后的每一年结婚纪念日,只要在南京,他们夫妇都会结伴出行,相约看花。在分隔两地的日子里,他们就写信表达思念,冯端在信中为妻子写过很多诗。冯端钟爱诗词,在两人最初相识的时候,他送给陈廉方两本诗集。结婚后,他还会在结婚纪念日作诗对爱人表白。

陈廉方对冯端也很是体贴。年轻时,她不但挑起照顾全家的重担,还担当冯端的"秘书",为他誊稿画图,帮助冯端完成了许多文字方面的工作。她偶尔也会和丈夫一起写诗。

冯端与妻子几十年相濡以沫的爱情故事令人羡慕。在冯端的一生中,有"人生四境",分别是求学时的沉潜,科研时的凝聚,教学时的月华,家庭中的守恒。美满幸福的家庭是冯端能够专注于研究的坚实后盾,也是他能取得非凡成就的重要原因之一。

如何衡量幸福

那么,幸福是什么?它是指一个人得到满足而产生喜悦,并希望一直保持现状的心理情绪。幸福是一种非常主观的内心感受。有人以事业有成、拥有豪车洋房为幸福,有人以"老婆孩子热炕头"为幸福，有人认为自由自在就是幸福，也有人觉得实现自我价值就是幸福。每个人对幸福的定义都各不相同。

那么，幸福可以被衡量吗？

现代社会用幸福指数来衡量人们对生活的满意度。

幸福指数，指的是人们对自身生存和发展状况的感受和体验，即人们幸福感的一种指数。"城市幸福感"则是指市民对所在城市的认同感、归属感、安定感、满足感，以及外界人群对这个城市的向往度、赞誉度。幸福指数的高低与五大变量息息相关，即社会活动、社会地位、财富状况、交际能力和身体状况。除此之外，幸福指数还受一些非可控变量影响。影响幸福指数的因素有很多，衡量幸福也成了一件不太好把握的事。

幸福生活的四个维度

英国伦敦经济学院的理查德·莱亚德教授在《幸福：新科学的教训》一书中提到，身心健康、交往、家庭关系、工作等日常生活的各个方面都会对幸福产生影响。那么，这就意味着，我们可以从以下几个维度来衡量幸福，如图 5-2 所示。

首先，家庭生活方面，英国诺丁汉大学的斯蒂芬·约瑟夫教授说："心理学文献证明，人际关系可使人们产生幸福感。"尤其是当这种关系使人们产生一种归属感的时候，更能激起人们心中的

图5-2　幸福生活的四个维度

幸福感。当一对青年男女结婚后，两到三年之内，他们会觉得比婚前幸福，然而时间一长，这种幸福感就会降低。当夫妻有了孩子之后，幸福感会骤然上升，但随着时间的流逝，这种幸福感也会减弱。

其次，朋友交往方面，孔子说，"有朋自远方来，不亦乐乎"。每个人都需要朋友，与朋友之间的来往可以增强我们的幸福感。然而现在城市中的人们大多住在高楼大厦里，邻里之间的来往变少，而朋友又各自在忙碌，人际交往大大受限。

再次，健康方面，包括身体健康和心理健康。莱亚德说："就幸福而言，心理健康比身体健康更重要。"然而，在繁重的工作压力和生活压力之下，很多人的心理健康受到影响。

此外，在工作方面的成就感能够增强我们的幸福感。失业、工作不顺心、学非所用、对工作不感兴趣等情况，都会使人们的幸福感大打折扣。

如何使用 OKR 为家庭创造幸福呢？我们就依据以上四个维度，围绕亲情、友情、爱情、婚姻、亲子关系、健身和旅游这几个和大家生活息息相关的方面来讲解。

5.2　用 OKR 孝顺父母

陈久霖是北京约瑟投资公司的董事长，他出生于湖北的一个小乡村，后来考上了北京的大学。他非常心疼父母，在大学期间，为了减轻父母的压力，他就勤工俭学做兼职为自己挣学费和生活费。每次一放假，他就用自己挣的钱给父母买礼物，然后带着礼物坐上火车回家。在家里，他经常帮父母干农活，做家务。有的时候，他也会买火车票，让母亲来北京看看。

大学毕业之后，他被委派到新加坡工作，为了报答养育之恩，他把父母接到身边亲自照顾。后来由于父母不适应大城市的生活，他就在老家盖了一座小楼房，让父母居住。虽然工作很忙，但他坚持在节假日回家探望父母。

后来母亲去世，他怕父亲孤单，就帮父亲找了个伴来陪伴他。每年他都会抽出时间带父亲去医院检查身体。

百善孝为先，孝顺是中华民族的传统美德，也是我们做人的基本准则。如果你想孝顺父母，但是又不知道如何去做或忙时忘了做，OKR 会给你提供方法和思路。

孝顺，从现在做起

撒贝宁曾在一档节目中讲述了自己的一段经历。在他母亲去世后的第二年，某天在清理微信时，撒贝宁看到母亲的账号，他想点进去听听母亲生前的语音。可是打开之后才发现，他和母亲没有一条语音往来的记录。

他想起自己每天和朋友、同事用语音探讨工作、生活，开各种玩笑，不由得心中懊悔不已。他打开与母亲的聊天页面，发了很多条语音，可是母亲再也听不到了。

子欲养而亲不待，这是人生一大憾事。所以尽孝要趁早，从现在做起，不要等到父母病重或者不在了，才去后悔。

"你陪我长大，我陪你到老。"陪伴是最长情的告白，然而现在，由于工作越来越繁忙，生活的压力越来越大，我们很少有时间能够陪伴父母，而且很多人也不知道该如何表达对父母的爱。

有些人总是这样说，"等我有钱了再去孝顺父母"，或者"等我闲下来再去好好陪伴爸妈"，仿佛孝顺需要一个盛大的仪式，等到万事俱备才可以行动一样。但是，等我们真正有钱、有闲的时候，父母可能已不在了。其实，父母最期望的，并非子女给自己寄钱、买东西，而是得到情感上的慰藉。

孝顺，从小事做起

电视上曾有这样一则公益广告：一个小男孩看到妈妈下班后为奶奶洗脚，于是在妈妈忙完之后，他也端来一盆水为妈妈洗脚，画面中妈妈和奶奶脸上洋溢的是幸福的笑容。孝顺其实很简单，我们可以从日常小事做起。

幸福需要仪式感，所谓仪式感，法国童话《小王子》里说，就是使某一天与其他日子不同，使某一时刻与其他时刻不同。仪式是表达内心情感最直接的方式，对父母尽孝也需要仪式感，这种仪式感能让父母感受到被关爱和被重视。

然而这种仪式并不能仅仅流于形式，而是需要我们认真地用心对待。比如，陪伴父母吃饭。当你周末回到家，父母准备了一桌子晚饭，而你却在一旁不停地打电话或者玩游戏，当父母让你吃饭时，你却不耐烦地说"好了好了，别唠叨了"。这些行为让所谓的陪伴变得毫无意义，甚至会加重父母内心的孤独，他们会认

为"孩子大了，不需要我了"，"孩子嫌弃我了"。（见图5-3）

图5-3 和父母吃饭的场景

我们需要将对父母的爱表达出来。比如，吃饭时，就将一切都停下，仔细品味饭菜，并给予适当的赞美："哇，这道菜味道太棒了，比外面饭店做的还好吃呢。"也可以跟父母分享平时工作和生活中的趣事。当然，有孩子的人要带着孩子一起回父母家，陪伴老人。儿孙绕膝的天伦之乐，是逐渐老去的父母心中最渴望的幸福。我现在把每天在大家庭微信群问候父母早安和晚安作为自己孝敬父母OKR的一个关键结果，我还每天汇报在哪个城市上课，父母看到我在哪里忙碌，也会放心。

那么，我们如何运用OKR孝顺父母，增加父母的幸福感呢？

以下是我的一位学员为孝顺在家乡居住的父母为自己创建的OKR，和我本人孝敬父母的OKR差不多，供大家参考。（见表5-1）

表5-1 让父母心情愉悦的OKR

O：让父母心情愉悦	
关键结果	任务分解
KR1：每周与父母视频2次	T1：问问父母身体是否健康 T2：问问家里是否需要自己购买比较重的东西，如米或者油 T2：告诉父母自己最近在哪里出差，让他们知道自己的状况
KR2：每年为父母准备礼物至少6次	T1：传统节日、父母生日及换季时送礼物 T2：可以采用网购快递方式 T3：以实用和传统物品为主，如端午粽子和中秋月饼等
KR3：每年安排父母体检	T1：提前购买老人体检套餐 T2：带父母去体检中心 T3：为父母解读体检报告
KR4：每年带父母旅游2次	T1：安排好行程，以近郊和舒适的旅行为佳 T3：注意老人身体状况，多带备用品 T2：旅途中多拍照片，和亲戚朋友分享他们的幸福时光

　　孝顺无须等待，我们要从当下做起，从小事做起，关心父母的身心健康。赶快为自己制定一个孝顺父母的 OKR 吧。

小贴士

孝顺父母的十大标准（来自美国某网站）

- 提供情感支持
- 保证父母财务状况稳定
- 经常打电话
- 为父母安排与其他家庭成员的聚会
- 安排老人参与社区活动
- 对家中的布置进行重新调整
- 评估父母对护理的需求程度
- 呵护父母的健康
- 给老人建个回忆录
- 有耐心

5.3　用 OKR 增进友情

俞敏洪大学毕业之后，创办了新东方，专注于英语教育领域。当时正值英语学习热潮，在这种背景下，俞敏洪凭着一股敢想敢干的劲头，一举成功。

后来俞敏洪力邀从国外留学回来的北大校友徐小平及同班同学王强加入新东方。

三人性格不同：俞敏洪生性温和、坚韧，做事非常谨慎；王强冷静，喜欢思考理论问题；徐小平儒雅，演讲时充满激情。他们性格互补，在业务上分工明确，俞敏洪负责考试培训和经营管理，王强负责英语培训和企业文化建设，徐小平负责品牌宣传和学生咨询。他们三人并称新东方的"三驾马车"。

真正的朋友，并不是在你面前花言巧语的人，而是能在你困难时主动伸手拉你一把的人。友情需要经营，OKR 能帮助我们建立更有质量的友谊。

保持存在感

曾有一首歌这样唱道："千里难寻是朋友，朋友多了路好走。"朋友是我们一生中最大的财富。真正的朋友，会在我们困难之时帮助我们，在我们苦恼之时用心倾听，帮助我们排忧解难。

人生离不开友谊，然而要保持友谊却不容易。马克思说："友谊总需要用忠诚去播种，用热情去灌溉，用原则去培养，用谅解去护理。"友谊需要经营，即使是再好的朋友，如果不经常沟通交流，感情也会淡化，产生不信任感，当你需要他们帮忙的时候，他们可能会觉得你别有用心。但是，在学校的学生平时忙于学习，走上社会的人忙于工作，有了孩子的人又忙于自己的家庭生活，年老的人又行动不便。那么我们要如何经营友情呢?

有人曾问美国前总统克林顿是如何保持自己的关系网的,他这样回答:"每天睡觉前,我会在一张卡片上列出我当天联系过的每一个人,注明重要细节、时间、会晤地点及与此相关的一些信息,然后输入秘书为我建立的关系网数据库中。"这是克林顿在政治上建立社交关系的做法,对我们与朋友建立友谊、保持友谊具有借鉴意义。

保持联系,是建立社交关系的重要条件。维持友情最好的方式就是经常联络,保持自己的存在感。用OKR可以将友情的经营由虚处落到实处,让我们更清晰地懂得如何去经营友情。

大学时期的友情

雷军在大二的时候,认识了武汉大学的留校老师王全国,两人很快成了好朋友,还组建了"黄色玫瑰小组",一起写小程序、小工具之类的。大三暑假那年,雷军、王全国和另一个同学李儒雄一起创办了三色公司。

现在的很多大学生,除了上课时和同学在一起,下课之后都待在自己的空间,各忙各的,有的玩游戏,有的刷抖音,有的刷微博(见图5-4)。即便是室友,感情也格外淡薄。以前的高中朋友,由于在不同的学校、不同的城市,相互之间的联系也越来越少，很多都成了微信朋友圈的"点赞之交"。

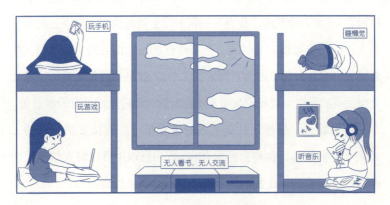

图 5-4　各玩各的大学室友

我们需要走出自己的狭小空间，扩展自己的朋友圈，学习一些社交技能，掌握管理人脉的方法。我们可以为自己制定一个OKR，如表 5-2 所示。

表5-2　结交朋友OKR

O：交到几个优秀的朋友	
KR1	参加3个感兴趣的社团
KR2	每月参加一次校外活动，与5个人保持联系
KR3	主动组织一次活动，每季度认识新朋友

那么，交到朋友之后如何经营友情呢？

我们可以通过微信、QQ等社交工具沟通感情，聊一聊彼此的现状，关于学习或者生活，探讨未来的人生方向；也可以通过建立朋友群的形式，将关系比较好的朋友聚在一个虚拟空间里，探讨一些社会热点问题或者近期的热门电影等，分享彼此的思考和见解，这样不但可以保持交流，更了解彼此，也可以在思想的碰撞中提升自己。

当然，线上的交流并不足以维持长久的感情，我们还需要创造条件在真实的场景中沟通感情。比如，与朋友一起健身、徒步、运动；周末空闲时可以聚餐、逛街；每个月组织一次读书会，交流心得；每年在假期时与朋友一起旅游；等等。

表5–3是我一位来自深圳的学员为自己制定的OKR。

表5–3　增进友情OKR

O：增进朋友之间的感情	
KR1	每月线上沟通至少4次
KR2	每月线下参加校友/同学聚会至少2次
KR3	每年和朋友组队一起自驾游1次

小贴士

大学时期拓展朋友圈

- 找几个志同道合的朋友
- 结识几个本专业的优秀学长或者学姐
- 结识几个不同专业的优秀朋友
- 结识感兴趣的专业的老师
- 参加一些学生组织，定期参加组织活动
- 参加一些校外活动，结识校外优秀的人

工作之后的友情

1999 年，在杭州湖畔花园小区里，18 个人聚在一间只有一个破沙发的屋子里开会。这 18 个人一起凑了 50 万元，作为新公司的启动资金。在相当长的一段时间里，他们每人的月工资只有 500 元，有的几个人合租，有的住到农民房里，吃的是几块钱的盒饭。这 18 个人后来被称为"十八罗汉"，他们是阿里巴巴的创始人，曾一起并肩作战，共同打造了阿里帝国。

有人说职场无友情，意思是走上社会后难以拥有真正的友情。

在这个阶段，朋友一见面，有的聚在一起打游戏，有的去 KTV 唱歌，有的甚至去酒吧狂欢……而对于那些不常见面的朋友，随着工作的忙碌，彼此之间的交流也越来越少。

有研究表明，只是在朋友圈偶尔点赞或者生日时给以祝福，对于增进友情并没有太大的帮助，因为这只是在机械性地维持。而吃喝玩乐，其实只是在消磨时间，也许能获得短暂的快乐，却未必能获得真正有质量的友情。

有人曾做过一项调查，结果显示，与朋友进行一些支持性的评论、深度的沟通，都有利于一段友情的维持。因此，想要维持长久的友谊，必须进行深度互动。

我们可以为自己设计这样的 OKR，如表 5-4 所示。

表5-4　维持职场友谊的OKR

O：与朋友进行深度互动	
KR1	每周与朋友在网上联系，探讨某一热门话题
KR2	每月与朋友参加一次读书会或者培训
KR3	每季度与同事聚会一次，进行爬山、摄影等活动

中年友情

有这样一个"女人帮"，她们至少每两周聚会一次，聊聊

彼此的工作、生活、家庭和孩子，也会谈谈美食、美容、娱
乐八卦、财经新闻。她们会一起出去旅游，拍照。每逢有人
过生日，她们也会聚在一起，为对方庆祝。她们在平凡中相
互温暖，相互鼓励。

人到中年，朋友们都有了自己的家庭，孩子也逐渐长大。工
作、家务压得人透不过气。我们需要倾吐，以缓解内心的压力与
烦恼，而倾吐的对象正是朋友。

我们可以制定如表 5–5 所示的 OKR。

表5–5　中年友情OKR

O：维持中年友情	
KR1	每年一起旅游两次
KR2	每周聚会一次
KR3	组建运动群，一起运动打卡

老年友情

我的父亲 80 岁了，他的老年生活无比充实。他每天早上都
会给朋友圈（退休同事圈／亲戚圈／家庭圈／老年大学同学圈）
发三条问候早安的信息，用他自己挑选的图片，然后在图片上

写上祝福早安的话。他每天去小区花园打太极拳。他还报名参加摄影班，在老年大学学国画，在家乡举办自己的外币收集展览会。虽然人到暮年，但是他生活得有滋有味，老有所乐。

我婆婆也很厉害，自从学会了微信聊天和视频之后，就放弃看电视剧了，每天和退休老姐妹聊天。看她聊得那么开心，我们做小辈的也放心了，因为她心情好，身体就好，一切都好。

任何感情都是需要经营的，友情也不外如是。关系再好的朋友，如果不去认真经营感情，最终都会逐渐疏远，躺在通信录里，彼此之间的连接可能只剩下逢年过节时的群发消息。用 OKR 保持存在感，维持联系的同时，进行信息互换，能让我们更了解彼此。

如何维持老年人之间的友情呢？我们可以制定如表 5-6 所示的 OKR。

表5-6　维持老年友情的OKR

O：维持老年友情	
KR1	和退休同事定期聚会
KR2	参加老年大学画画班、太极拳班等
KR3	每天在微信群和亲戚朋友沟通

5.4 用 OKR 追求爱情

电影《阿凡达》中，男主杰克本是一名退伍的伤残地球兵，后来通过科技手段变成一个阿凡达星人。来到潘多拉星球之后，作为一名间谍，杰克的任务是渗入纳美人族群，并获取他们信任，窃取一些情报。

在执行任务时，杰克遭遇危机，险些丧命，幸而被美丽的纳美人公主妮特丽所救，杰克也因此顺利打入纳美人族内部。由于语言不通，妮特丽负责杰克的语言教学。经过三个月的朝夕相处，两人加深了对彼此之间的了解，逐渐擦出爱的火花。后来两人在灵魂树下真诚表白，将彼此的发梢连接在一起，实现了结合。

在激烈悲壮的纳美人家园保卫战中，杰克和妮特丽的爱情故事令人感叹不已。他们的爱情跨越了种族，跨越了语言，以独特的方式实现了心灵上的沟通、灵魂上的契合。这是多少人梦寐以求的爱情啊。美好的爱情，需要付出，需要行动，OKR 可以帮助你追求爱情。

爱情不能"守株待兔"

七夕节，看着朋友圈里各种刷屏秀恩爱，有人晒玫瑰，有人晒礼物，有人晒对象，27岁的小丽心里很不是滋味，想着自己长相也不错，工作也稳定，怎么就一直没有对象呢？其实她要求也不高，大致有三条：一、学历相当；二、三观一致；三、彼此聊得来。

"为什么我就是找不到男朋友呢？"

"你太宅了。"这是小丽同事给出的解释。

"宅"是很多人单身的原因。每天两点一线，公司、住处，所接触的无非就是同事和邻居。其实，与其问别人为什么自己找不到对象，倒不如想想如何才能找到对象。爱情不能"守株待兔"，更不能随遇而安，想要找到对象必须主动出击。

OKR能帮助你找对象吗？它可以帮助你开始行动。

首先，OKR是一种目标管理工具，其目标是自驱的目标。找对象必须出于自我的意愿，否则七大姑八大姨再如何张罗，也无济于事。

其次，OKR是一种可以定期调整目标的工具，具有很强的灵活性。要找到合适的对象，我们必须做好"打持久战"的准备，因为找到真正适合的人很难一蹴而就。在这个过程中我们可能会经历无数次的挫折，这就需要我们根据环境的变化，总结经验教训，适时调整目标。

此外，OKR 鼓励创新。在找对象的过程中，我们会发现，找对象没有固定的模式，随着对自我认识的加深，我们可以创造性地选择适合自己的方式，去发现我爱的人在哪里。

量化理想对象

那么，如何用 OKR 脱单呢？

许多人找对象，总是把着眼点放在"找"上，频繁地相亲、聚会，却无法找到一个合适的恋人，很大一部分原因就在于他们忽略了一个重点，即要找到一个什么样的对象。

OKR 强调聚焦思维，即聚焦于目标。我们需要用 OKR 定义并量化我们的理想对象。

首先，我们要明确自己想找什么样的对象。有人说，我就想找一个彼此谈得来的人。"彼此谈得来"，这是一个比较模糊的说法，我们可以对其稍加修饰，将其具体化，可以将这句话表述为"找一个与我有着共同经历、共同爱好且有幽默感的人"。

其次，需要将自己找对象的目标公开。可以将自己的家人、亲戚、朋友、同事、同学等都纳入自己找对象的"助力大军"，让他们都知道你的预期对象，这样当他们遇到合适的人时，首先想到的就是介绍给你。通过协同外力的方式扩大自己的人脉圈，总比一个人单打独斗的成功率更高。例如，奶茶刘若英就是到处说自己想找对象，结果导演滕俊杰给她介绍了和她一样喜欢摄影的青年才俊钟小江，现在两人恩恩爱爱。我有一个非常优雅美丽的前同事，现在在阿里巴巴工作，她优秀的老公就是她爸爸的朋友介绍的。

例如，为实现"找一个与我有着共同经历、共同爱好且有幽默感的人"，我们要设立三个关键结果，请参考我学员的 OKR，如表 5-7 所示。

表5-7　找对象的OKR

O：找一个与我有着共同经历、共同爱好且有幽默感的人	
KR1	通过自己主动寻找或亲戚朋友介绍，找到3位符合要求的对象（6个月）
KR2	先简单进行线上沟通，有一定了解之后，转向线下交流，通过吃饭、看电影等活动彼此增加了解
KR3	进一步了解对方的三观及生活习惯，建立彼此舒服的沟通模式，至少维持3个月

OKR 不是一定能帮助我们脱单，但是它能让我们走出"舒适区"，聚焦目标，不断朝这个方向前进（见图 5-5）。即便通过执行 OKR 还是没有找到对象，也不必泄气，我们至少积累了经验，因为找对象就是一场持久战，需要我们有强劲的韧性和百折不挠的决心，根据实际情况灵活调整目标，也需要一些运气和缘分。祝

你通过 OKR 开始新一轮的脱单计划，找到心仪的对象！

图 5-5　用 OKR 脱单

爱要大声说出来！

小王子在自己的星球上过着平静又孤独的生活，每天坐在星球上看夕阳西下是他生活里唯一的消遣方式。

后来，他的星球上飘来了一颗种子，突然有一天，这颗种子发芽了，慢慢长成了一朵漂亮的玫瑰花。小王子非常珍爱这朵玫瑰花，给她浇水，为她除虫。可是这朵玫瑰花骄傲、虚荣，又敏感多疑。为了让小王子给她更多的关心，她经常说一些谎话。"我不怕老虎，可是我讨厌穿堂风！""晚上你要好好照顾我，我要一个玻璃罩子……"

一株植物怎么会怕风呢？玫瑰花的连篇谎话让小王子伤
了心，于是他决定离开星球。玫瑰花此时才幡然醒悟："我以
前怎么那么傻呢？请你原谅我吧，我希望你能快乐。"

玫瑰花为了占有小王子的爱情，宁可把自己关在玻璃罩子里，
不与外界联系，最终小王子因为受不了玫瑰花的矫情和谎言，离
开了星球。爱情不是占有，玫瑰花不懂得如何经营爱情，不知道
如何正确表达爱，因而失去了爱情。

想要维持一段长久的感情，就需要学会正确表达爱。使用
OKR 工具能让我们更懂得如何去维系一段感情，增加彼此之间的
甜蜜和幸福。表 5-8 是我的一位学员的恋爱 OKR。

表5-8　提升爱情甜蜜度OKR

O：提升女朋友的生活满意度	
KR1	一年观看电影10次以上
KR2	一年外出旅游2次以上，并制作旅游电子相册留念
KR3	一年至少送5次礼物，给女朋友惊喜

爱情不是一个人的独角戏，是需要两个人共同经营和维护的。
任何经营和维护都必须以共同的目标为前提。如果两个人为爱情
努力的方向不一致，那么，所有的努力都只能让两人渐行渐远。

爱情不是某一方一厢情愿地付出，只有通过日常生活中的互

动，才能更好地了解彼此。可以通过看电影、旅游、一起做家务等方式，培养两个人之间的默契度，增加彼此之间的甜蜜感。

除此之外，两个人也可以利用 OKR 做财务管理，一起为美好生活奋斗。

5.5 用 OKR 经营婚姻

英国前首相丘吉尔，一生波澜壮阔，在政治领域取得了非凡的成就。最广为人知的就是他在二战期间带领全国人民奋起反抗纳粹，使英国度过历史上的黑暗时刻。

丘吉尔在政治上饱经风云变幻，然而他的婚姻生活却是"如花美眷，似水流年"，让人羡慕。温暖幸福的婚姻和家庭为丘吉尔专注政治提供了一个稳定可靠的大后方，这也是他取得成功的重要原因之一。

丘吉尔性格内向，极少与女人接触。34 岁那一年，他开始担任商务大臣，并邂逅了家境贫寒的克莱门蒂娜。他对她一见钟情，并靠自己的英勇赢得了克莱门蒂娜的芳心。相识几个月后，丘吉尔就在伦敦威斯敏斯特大教堂迎娶了自己钟爱的女人。

婚后两人很恩爱，丘吉尔尊重、依赖克莱门蒂娜，而克莱门蒂娜也是丘吉尔的好帮手。除了把家里收拾得井井有条、担负教育子女的重任外，克莱门蒂娜还经常为丘吉尔的竞选拉选票，在战时组织援苏基金会，帮丘吉尔做外交工作，她还经常帮丘吉尔出谋划策，提供建议……克莱门蒂娜对丘吉尔的事业提供了很大的帮助。

克莱门蒂娜与丘吉尔一生风雨同舟，夫妻缱绻深情令人羡慕。在丘吉尔弥留之际，克莱门蒂娜依然紧紧握着他的手，直至他离去。

丘吉尔和克莱门蒂娜互相信任，彼此支撑，将一段本来他人并不看好的婚姻经营得有滋有味。美好的婚姻有三大"基石"：良好的经济实力、双方互相包容、爱与良好的沟通。我们可以用OKR经营婚姻，促进夫妻双方良好沟通，解决矛盾和冲突，增加甜蜜感，让我们的婚姻活色生香。

良好的经济实力

俗话说：贫贱夫妻百事哀。婚后的生活就是柴米油盐，大多情况下，婚姻能否走到最后，拼的就是经济实力。假如，我们每天为生计发愁，捉襟见肘的生活里将是数不清的争吵与矛盾，这样的婚姻是很难获得圆满的。

这不是说美好的婚姻一开始就建立在强大的经济基础之上，

而是说，两个人要努力奋斗，有足够的能力应对风险，承担家庭的各项开支。

夫妻双方要共同承担家庭责任，一起攒钱、理财、买房、育儿等。

我的一个学员和他的妻子共同制定的买房 OKR 如表 5-9 所示。

表5-9 三年内存钱买公寓房的OKR

O：三年内存钱买公寓房	
KR1	每天记账，规避不必要开销，年存款达到XX万元
KR2	了解房产价格波动，一年内考察8次
KR3	一年内投资一个副业，额外收入达到XX万元

互相体谅，互相包容

没有不闹矛盾的夫妻，问题的关键不在于夫妻是否产生矛盾，而在于两人对矛盾的态度。很多人步入婚姻之后，彼此之间的感情逐渐消磨在工作的忙碌和生活的琐碎中。随着新鲜感和神秘感的消退，面对生活中的摩擦，有的人听之任之，于是演变成"三年之痛""七年之痒"。

美好的婚姻，需要相互包容，相互体谅，这可以让许多小问题迎刃而解。

比如，夫妻双方就饭后洗碗问题产生矛盾。妻子认为，她每天带孩子、做家务，本身就很累，碗应该丈夫洗；丈夫却因为早上上班匆忙，根本来不及洗碗，而晚上下班回家已经很疲惫了，最后堆了一水槽的锅碗瓢盆。夫妻两个因为这一问题发生过很多次争执，甚至上升为妻子认为丈夫不爱自己。

以传统经验来讲，碗要么是妻子洗，要么是丈夫洗。但跳出问题来看事件本身，就是妻子很辛苦，想得到丈夫的理解和体谅。那么丈夫可以购买一台洗碗机，让彼此都能从洗碗这件事中解放出来，同时丈夫还可以想其他办法减轻妻子的负担，例如大家一起分担洗碗任务。

互相关爱，家有温情

上述小夫妻之间的问题，其实不只是洗碗的问题，从深层次看这其实是丈夫对妻子缺乏关爱的问题。

在婚姻里，很多男人认为，自己只要努力挣钱就行了，给妻子富足的物质生活。其实，女性是感性动物，更追求情感层面的满足，最喜欢浪漫温馨，这一点并不会随着两人从恋爱走向婚姻而结束。

男人要懂得满足女人的情感需求，适时给予女人爱的表达，这样才能让自己的另一半感觉到幸福。但男人大多都比较粗心，不懂得如何表达爱。OKR教你如何在婚姻里让自己的另一半更幸福。

看看我们的男学员是如何设定OKR维持幸福婚姻的。（见表5-10）

表5-10　提升妻子幸福感的OKR

O：提升妻子的幸福感	
KR1	每周做家务至少5次
KR2	每天在家陪妻子、孩子至少2小时
KR3	一年内陪妻子去市外旅行2次以上
KR4	每个月准备好一个礼物

幸福就是点点滴滴的积累，做家务、陪伴孩子、旅游等，其实都是丈夫对妻子关爱的表达。妻子也可以适时地对丈夫的表现给以反馈，给予其一些奖赏，一句肯定与表扬的话、一个甜蜜的吻或者一个小礼物，这些都能够激励丈夫，并让他充满热情，这样就会形成一个良性循环。（见图5-6）

图 5-6　幸福夫妻爱的表达

5.6　用OKR成就健康生活

著名气象学家竺可桢从小身体状况极差，经常生病，身体单薄，身高体重远远落后于同龄人。在上海澄衷中学读书时，他经常因为生病而请假，曾被同班同学嘲弄："竺可桢活不到 20 岁。"

竺可桢听后非常气恼，可是想想自己确实又瘦又小，于是他决定锻炼身体，连夜为自己制订了一个计划：每天跑步、舞剑、做操……他还在宿舍的墙上贴了一条"言必行，行必果"的格言，以此来激励自己。从此以后，他每天天未亮就起床锻炼，风雨无阻。坚持了一段时间，竺可桢不但生病少了，身体也变得强壮，同学们被竺可桢的坚持和改变打动，包括曾经讥讽过他的同学，都称竺可桢是"智体并重"的模范。竺可桢还因此爱上了体育运动，诸如登山、游泳、打网球和滑冰等。参加工作之后，他锻炼身体的习惯也不曾间断，每天选择步行上班。曾经被预言"活不到 20 岁"的竺可桢，最终活到 83 岁。

世上有很多事，做起来不难，难的是一直做下去。竺可桢靠着自己的毅力将自己锻炼身体的计划持之以恒地履行。他的举动正好体现了 OKR 的精神。所以，让 OKR 帮助你把健身坚持到底吧！

OKR，将减肥和健身进行到底

现在的很多年轻人，整天说着要减肥，要健身，可大多都只有三分钟热度。有的人在美食面前妥协，有的人因为疲惫而放弃，还有的人因为思想上的懈怠而中止。

其实无论是减肥还是健身，对人们来说，都要承受身体和心理上的双重考验。而坚持下去的关键就在于内心的意愿，需要自己从内心自发地行动和坚持。OKR 是自驱的目标，能帮助你将减肥和健身进行到底。

第一，设定有挑战性却又不让人失望的目标。关于减肥或者健身，如果为自己定一个"我要减肥成功"或者"我要练出腹肌"这样笼统的目标，经过一段时间的锻炼没有达到想要的效果，就很容易放弃。但如果我们将目标量化，设定在什么时间内通过一定的努力可以达到什么样的效果，比如，一个月之内减重5斤，这样就能给人继续坚持的动力和信心。

第二，公开自己的OKR。日本作家佐佐木正悟在《告别三分钟热度》里有这样一段话："无论做什么事情，比起孤军奋战，一旁有'听众'为自己助威、呐喊的场景更能鼓舞人心。"很多人喜欢默默坚持，但这需要很强的自控力。将自己的OKR告诉身边人，通过在朋友圈每日打卡的方式，能够得到朋友的肯定和鼓励，当想放弃的时候，我们会想着"有这么多眼睛看着我呢，我不能半途而废"，这会给我们继续坚持的动力。

第三，OKR是可量化的，关键结果的完成要能够支撑目标的实现。

OKR是一种动态的自我管理思维，可根据外界环境的变化随时调整，具有很强的灵活性。当在减肥和健身的过程中暂时无法达到目标时，我们不要气馁，需要分析原因，重新调整目标，寻找新的关键结果，是加大运动量还是进行饮食控制，然后继续进行新一轮的努力。我的一位女学员已经通过完成OKR成功减肥10斤。

减肥和健身需要我们有很强的韧性，也是对我们的自我管理能力的考验，是我们自律性的最佳测试器。但也不必给自己太大的压力，因为没有人会拿 OKR 来考核我们。OKR 最大的作用，就是帮助我们走出舒适区，时刻提醒我们当下对我们来说最重要的目标是什么，激励我们朝着这个方向不断努力。

表 5–11 是我的学员的健身 OKR。

表5–11　8月的健身OKR

O：减重8斤以上，但体形不松垮
KR1 三餐按照表格（另附文档）规定进行蔬菜、肉类、主食的搭配，晚上7点以后不进食
KR2 有氧运动不少于每周4次，每次不少于50分钟，心率不低于140；每周抽出一天做两次50分钟的强化训练
KR3 力量训练不少于每周3次，每次50分钟
KR4 调节作息，避免熬夜，23：30之前睡觉

OKR 让你成为有趣的人

健康，包括身体健康和心理健康。运动和健身能够让我们身体更加健康，要达到心理上的健康，我们可以旅游、结交朋友、发展兴趣爱好，让自己的生活更加有趣。旅游已经成为现代社会一大趋势，越来越多的人选择在节假日出游，有的是为了把自己从繁忙的工作中解放出来，放松身心，有的是为了利用假期陪伴家人，有的是为了体验不一样的生活，等等。但无论是出于什么目的旅游，总要有时间、有钱。

那么如何在繁忙的工作中挤出时间和储存经费去旅游呢？看看我的90后深圳学员制定的OKR，如表5-12所示。

表5-12　旅游OKR

O：2019年内完成上海迪士尼之旅	
KR1	每月攒下1000元作为旅游资金
KR2	确定12月具体出行时间
KR3	在11月完成机票及酒店预订
KR4	出行前一周完成制定去迪士尼当日的具体流程

如何存钱？这就需要我们对工资有一个合理的规划，每个月从工资里拿出一部分钱存起来，假如每个月存1000元，一年存的费用足够我们享受假期生活。

如何有时间？一年到头除了年假、周末和一些法定节假日之外，几乎没有多余的时间让我们充分享受旅游的乐趣。这就需要我们提前做好规划，安排好自己的工作，也可以通过平时加班调休的方式攒假期。

当我们拥有攒出来的钱和时间的时候，就可以好好享受旅游时光。

让自己的生活更加有趣，我们不要仅仅满足于出去旅游度假，还可以尝试一些新事物。比如参加学习班，培养新技能和新爱好；还可以下载相关 App，学习一些新的菜谱。

看看我的一位女学员，她除了旅游，还有更大的目标，如表5–13 所示。

表5–13　让生活更加有趣的OKR

O：做一个拥有有趣灵魂的女子，丰富自己的阅历	
KR1	在今年学会自由泳
KR2	学习钢琴，并每周练习3小时以上
KR3	每月读5本书，并且要写读书心得
KR4	每年尝试一种新的极限运动
KR5	每年结交一位不同行业或者不同性格的朋友

5.7　用 OKR 平衡工作和生活

张颖是经纬中国创始管理合伙人，他曾说过这么一段话：

"努力工作,拼命生活,这一直是我深信的价值观。工作方面,对投资这个行业来说,就是凶悍厮杀,抢到最优秀的创始人;而生活也是我认为很重要的一件事情,这是一件与工作同样重要,甚至更为重要的事情。工作之外,我对这个世界有非常强烈的好奇心。动的方面就是骑摩托车越野看世界,或背上背包徒步;静的方面就是拼命看书、看纪录片、看严肃内容。对每个人来说,没有健康的身体,谈何职场上的辉煌,根本谈不了。"张颖酷爱骑摩托,他经常骑着摩托穿越非洲、尼泊尔、阿根廷乃至澳大利亚沙漠腹地等。

张颖在繁忙的工作之外,努力做到工作和生活的平衡。

台湾知名画家、诗人与作家蒋勋说:"最美好的生命,不是一个速度不断加快的生命,而是速度在加快跟缓慢之间有平衡感的生命。"工作和生活并没有不可调和的矛盾。我们可以利用OKR帮我们找到工作和生活之间的平衡感。

管理人体四种能量

比尔·盖茨说:"人生有两项主要目标:第一,拥有你所向往的;第二,享受它们。只有聪明的人才能做到第二点。努力工作,同时享受生活,我们每个人都应该这样。"

在"996"和"724"工作制盛行的年代，在互联网、投行等行业工作，要想把工作和生活完全分开是很难的。因此，所谓的平衡，是很难在时间上实现的。我们需要学习的是如何管理好我们的精力，使我们能够时刻保持高效的状态，从而达到心理上的平衡。

人体有四种能量：物理能量、精神能量、情感能量和激励能量。（见图 5-7）

图 5-7　四种能量的平衡

物理能量是一种身体的感觉，累了、饿了或者病了，都是物理能量被消耗的表现。因此，我们需要有良好的作息规律，按时吃饭，还要坚持健身和运动。

精神能量是从分析和思考中获得的能量。当我们长时间专注于一件事情之后，会在精神上感到疲劳，难以进入工作状态。因此，当我们疲惫时，一定要给自己一个休息调整的时间。

情感能量来自与他人的关系，包括正向情感能量和负向情感能量。当我们帮助别人收获感激时，当我们打电话收获家人的关心时，我们能保持情感能量。我们可以通过别人的赞美与鼓励等使自己保持正面的情绪。反过来，当遭遇挫折时，我们就会感受到沮丧、恐惧等负面情感，这些负面情感会消耗我们的能量，影响我们在工作和生活中的表现。这时，我们可以和朋友一起逛街、聊天，排解自己的负面情绪。

激励能量来自我们做的一些对自己来说比较有意义的事情。先懂得做事的意义，那么在做事情的过程中，那些扰人因素就不再令人煎熬了，即便疲惫不堪，我们也能坚持下去。

所以我们需要在四种能量上为自己加码。看看我的男学员是如何平衡生活和工作的，如表5-14所示。

表5-14　成为一个有趣的人的OKR

O：成为一个有趣的人	
KR1	学拍视频，记录生活
KR2	在b-box上有所突破，达到表演级
KR3	作为一个优秀的大厨，每月学习2道大菜
KR4	减重超过25斤，然后保持体重

遵循"三的法则",过高质量生活

在辅导一家国内著名的互联网公司的时候,我让他们的 90 后员工写下自己的生活 OKR。他们说:"我们没有生活。"因为在互联网公司上班,员工要经常加班,等到下班已是深夜。

不仅仅是互联网公司,很多行业都是如此。智联招聘发布的《2019 年白领生活状况调研报告》显示,加班已是常态,超过八成白领都有加班的经历,其中超过 20% 的白领每周加班超过 10 小时。工作上的疲惫让他们没有精力和心情去享受下班后的生活。

如何才能平衡好工作和生活呢?这就需要我们遵循"三的法则"。

"三的法则"来自杰拉尔德·温伯格《咨询的奥秘》一书:要是你想不出计划中可能出现的三处问题,肯定是你的思维哪里出了问题。"三"这个数字,会让人觉得事情简单,易于理解,条理清晰,便于行动。因为对于大多数人来说,我们倾向于只记住清单上的三项事情。

因此,在创建自己的 OKR 时,无论是在工作上还是在生活上,我们都要尝试应用"三的法则",梳理出最多三个关键点,否则就不能突出重点。例如 OKR 的 3×3 结构,就是 3 个目标,每个目标有 3 个关键结果作为支撑。当尝试条理清晰地去表达时,或许我们会有不同的收获,如表 5-15 所示。

表5-15　提升个人满足感的OKR

O：提升个人满足感	
KR1	每个季度顺利完成3个项目交付
KR2	每月读3本书，侧重领导力和项目管理
KR3	每3天锻炼一次，保持身体健康

工作不是人生的全部，生活也可以变得更有质量。有属于自己的生活，有可随意支配的时间，才能养精蓄锐，在工作中保有充沛的精力。

用OKR成为更好的自己，让我们更自律，拥有更平衡的生活。

6

OKR 让你的孩子更加优秀

相信不少父母都会有这样的体验，孩子写作业总是拖拉，磨磨蹭蹭，要么看错题，要么写错字。孩子很聪明，学习成绩却不好；孩子很勤奋，成绩却得不到提高，甚至还有下滑的趋势。（见图6-1）

图6-1 贪玩的孩子和发愁的母亲

为了让自己的孩子更优秀，父母在外面的机构给孩子报各种补习班和兴趣班，然而结果却并不理想。很多家长将原因归于孩子贪玩、粗心，甚至认为孩子就是不爱学习。其实，并不是孩子学习不努力，而是孩子的学习力不足。学习力包括自控力、思维力、阅读力、专注力、作业力等。

你想让你的孩子学习进步吗？你想让孩子更好地掌握一门技能吗？你想让你的孩子有毅力，养成良好的学习习惯吗？你想让孩子拥有更美好的未来吗？

让 OKR 来帮助我们解决这些难题，让我们的孩子更加优秀。

6.1 用 OKR 帮助孩子规划未来

"阿里之父"马云小时候是个让父母甚为头疼的孩子。

他是学校的"打架大王"，还经常逃课，对学习完全不上心。很多人觉得马云一无是处，是个没有前途的孩子。马云母亲为此苦恼不堪，而他父亲却始终对儿子抱有信心，他一直努力尝试挖掘孩子身上的闪光点，发掘他的兴趣和潜能。

六年级时，马云父亲发现马云对英语很感兴趣，于是就经常带着马云到西湖附近找外国人聊天，这使马云对英语的兴趣大增，英语成绩也提高得很快。

然而马云严重偏科，数学成绩非常不理想，因此他第一次高考时榜上无名。

高考落榜后，马云和表弟一起应聘保安，结果自己却被淘汰，马云意志消沉。为了激发儿子的斗志，马云父亲给他找了一份在杂志社送书的工作。马云倒也肯吃苦，每天蹬着三轮车来回 20 公里。马云父亲鼓励儿子说："每天这么辛苦你都不嫌累，为何不重走一遍高考路呢？"

在父亲的鼓励下，马云重回校园，又接连参加了两次高考，终于读了本科。由于所学英语专业正是马云的特长，马云自信心大增，在学校里非常活跃。他毕业后由于在英语方面有优势而成了大学英语教师，后来作为英语翻译访问美国而接触到互联网，再后面的故事就广为人知了。

马云父亲发现了马云的兴趣点，并努力培养，逐渐使英语成了马云的特长。马云的这一特长影响了他的一生。马云的成就与他父亲对他的规划密不可分。作为父母，我们要帮助孩子规划未来，而 OKR 正是一个可以用来规划未来的工具。

从出生开始规划蓝图

有一个非常有名的系列纪录片《人生七年》，里面的调查显示，穷人的孩子和富人的孩子最大的区别就在于做事是否有规划和目标。富人的孩子很小的时候就有自己的目标，以后要进哪一所中学，考哪一所大学，因此他们努力读书，进入理想的大学，考取证书，结交友人。那些穷人的孩子没有目标和方向，只是顺从命运的安排，结果一生碌碌无为。

姑且不论出身的影响，通过这一调查，我们可以看出，对孩子未来起关键性作用的是他们自己是否有清晰的目标和规划。

网上有这样一句话："没有规划的人生叫拼图，有规划的人生叫蓝图；没有目标的人生叫流浪，有目标的人生叫航行。"做任何一件事都不能漫无目的，那些有成就的人，绝大多数都有着自己的远大目标。孩子的未来需要规划，在孩子很小的时候，我们就要帮助孩子设计一张未来的蓝图。

美国国家职业信息协调委员会在 1989 年发布了《国家职业发展指导方针》，要求孩子在 6 岁的时候就开始接受职业生涯教育。他们把人生规划分成四个阶段：小学、初中、高中、成人。该方针提出的以下几点，可以作为孩子和家长进行人生规划的参考。

第一，自我认识。孩子要知道自己的兴趣、特长和能力等。

第二，对孩子进行"教育与职业关系的探索"，让他们知悉教育和职业的关系，了解工作与学习、社会的关系。

第三，让孩子知道这个社会有各种各样的职业：教师、警察、工程师、画家、医生、工人等。

第四，家长要告诉孩子，职业无贵贱，适合自己才最重要。

第五，增加孩子对各种职业的认识：带孩子到商场、企业、学校、警察局等，让他们了解各种职业。

第六，让孩子尽早接触社会，接触各种职业，以更好地让孩子了解自己，发展自己。

家长要在孩子心中埋下职业规划的种子，然后帮助孩子确立人生目标，再在孩子成长的各个阶段通过 OKR 来培养孩子。

如何帮助孩子确立人生目标呢？

首先，家长要通过各种途径了解各种专业的具体情况，比如通过网络、书籍或者向专业人士请教；其次，带孩子到专业机构进行职业倾向测评。这些都可以作为帮助孩子进行人生规划的依据。

6.2　用 OKR 帮助孩子发展业余爱好

刘国梁的女儿刘宇婕在 3 岁时开始接触高尔夫球，并表现出浓厚的兴趣，于是在父母的指导下，刘宇婕开始练习高尔夫球。

遗传了父亲良好的运动基因，刘宇婕非常有天赋。她以父亲为榜样，从小就在心里树立了冠军梦，希望有朝一日能够超越父亲的成就。刘宇婕9岁时就已经是一位拿过三个冠军的高尔夫球手了。

刘宇婕获得成就也并非我们看见的那么容易，而是与她自己的辛苦付出紧密相关。

她4岁就进入北京什刹海体校学球，每周要上1~2堂高尔夫专业课。上小学后，为了不影响训练，她坚持每天放学之后就去球场进行3个小时的训练。此外，每到周末，她坚持早起，这样她就可以有更多的训练时间。

刘国梁非常重视对女儿的培养，他将阳台改造成一个小高尔夫球场，这样刘宇婕一有空就可以练习高尔夫球。刘国梁每周都要与女儿一起打球，这已经成为父女俩多年来的一个习惯。

刘国梁通过对女儿的训练，使她的爱好逐渐成了她的特长和技能。我们可以用OKR帮助孩子发展潜能，培养兴趣和爱好，也可以帮助孩子养成一定的习惯，学习某一项技能。

每个人都可成为自己的IP

现在是新媒体时代，每个人都可以成为一个IP（知识产权）。如果孩子喜欢画画，那么在儿童时期就开始培养他，学习儿童画、素描，然后进入专业的美术大学，最后成为职业设计人士。

如果孩子有舞蹈天分，家长可以根据孩子的兴趣选择舞蹈类别，然后为孩子制定OKR规划他每个阶段的学习要达到何种程度，让有艺术细胞的孩子通过参加国内大赛发挥天赋。

如果孩子的动手能力很强，我们可以引导孩子学习编程，从玩乐高开始，让孩子充分发挥想象力。有的孩子从4岁就开始接触编程，现在网上有很多机器人课程，少年宫也会开设编程课。编程是21世纪的重要技能，国内外互联网公司都需要技术人才，美国倡导"全民学编程，从娃娃抓起"。如果你的孩子数学成绩好，逻辑能力强，或者爱玩游戏，就可以引导他学习编程。

如果孩子活泼好动，热爱运动，可以引导他学习游泳、高尔夫球、马术及各种球类等。泰格·伍兹很小的时候就开始接触高尔夫球，他父亲发现他的运动天赋后开始培养他，后来泰格·伍兹成为著名的世界冠军。

所以，你想培养孩子成为世界冠军吗？制定一个长期的OKR吧。我们要为孩子的成长铺设发展之路，用OKR帮助孩子规划未来。我们要让孩子知道，掌握OKR同长个子一样重要。电影《蝙蝠侠》里说："当事情'按计划'进行时，没有人会惊慌，即使这个目标是可怕的，是遥远的。"

注意扬长避短

"父母之爱子，则为之计深远。"作为父母，我们都想孩子拥有一个光明的前途，那我们可以在孩子很小的时候就培养孩子的技能。

培养孩子的技能，孩子的兴趣爱好是关键。刘国梁的女儿刘宇婕之所以那么小就持之以恒地坚持锻炼，就是因为她对高尔夫球的喜欢，而她的妹妹刘宇彤却由于更喜欢乒乓球而没能继续学习高尔夫球。我们在培养孩子学习技能时，要注意扬长避短。

有一个非常有名的木桶理论，说的是一个木桶能盛多少水取决于最短的那块木板，所以我们必须弥补自己的不足，尽可能做到全面发展。很多人认为培养孩子也必须补足他的短板。"短板效应"理论曾一度被应用在各个领域，然而目前这种理论基本已经被否定了。

试想，一个孩子完全没有艺术细胞，而他的父母却非逼着他去画画，那这个孩子能坚持学下去吗？即便他迫于父母的威严坚持学下去，一个不喜欢画画的人真的能用心学习吗？

很多人想把孩子培养成全才，给孩子报各种补习班，画画、跳舞、象棋、跆拳道等，有的家长甚至给孩子报十多个兴趣班，结果造成孩子压力过大，产生逆反、厌学心理。

"科学判官"魏坤琳在《最强大脑》中见证了许多少年天才的

诞生与成长，他说："在这些天才少年身上，除了天赋，更重要的是充分保持了个性化优势的发挥。"

作为家长，我们要看到孩子的闪光点，并将其长处发挥出来。让孩子在其长板中获得自信，那么孩子的长板将会更长，而其短板则未必会更短，只要进行适当管理。

发现潜力，构筑潜能

每个孩子都是一座金矿，有着很大的潜能，等待着我们去发掘。科学告诉我们，人的左脑和右脑各有分工，如图 6-2 所示。

图 6-2　左右脑分工图

左脑，是理性脑，主要负责文字、语言、数字、分析等逻辑思维；而右脑，被称为感性脑，负责音乐、图形、色彩、画面等感性的体验，具有旺盛的好奇心，纵观全局。生活中大多数人都是左脑人，他们注重细节层面的东西，以左脑为中心的生活方式是重复的、一成不变的；人类的梦、灵感、潜意识等与创造力相关的心理活动，主要是由右脑激发的。

爱因斯坦说："我思考问题时，不是用语言进行思考，而是用活动跳跃的形象进行思考，当这种思考完成以后，我要花很大气力把它们转换成语言。"爱因斯坦就是全脑型天才，他不但擅长逻辑分析，还是个出色的小提琴家，也能熟练地弹奏钢琴。

爱因斯坦的话生动描绘出人的左脑和右脑是如何协同工作的，右脑产生新思想，而左脑则负责用语言的形式将其呈现出来。美国盖洛普民调结果显示："每个人都是天才，只有20%的人被放对了位置。"被放对位置是指潜力被发现，并得到很好的培养。

世上没有完全相同的两片树叶，也不会有完全相同的两个孩子。由于孩子的遗传基因不同，他们的潜能也各有不同。作为父母，我们要善于观察孩子的兴趣爱好，发现孩子的闪光点，确认他的潜力，然后通过 OKR 刻意训练，将孩子的兴趣爱好培养成孩子的优势。有的孩子比较有艺术天赋，比如，喜欢画画、音乐等，那就说明他的右脑比较发达；有的孩子比较有语言天赋，表达能力很强，那就说明孩子的左脑比较发达。

居里夫人非常重视孩子的智力教育。在她的两个女儿还很小的时候，她每天忙完自己的工作之后，就带着她们出去接触陌生人，带她们到动物园观察动物，去大自然欣赏美景。每当孩子玩的时候，她就在一边观察，以发现她们的兴趣和特长。等两个女儿稍微大一些，有了一定的学习能力和理解能力的时候，居里夫人就开始教她们识字、弹琴、烹饪、做手工，以方便进一步发掘她们的兴趣所在。等到孩子上学之后，居里夫人在她们放学后会抽出一个小时的时间陪她们做智力游戏。

在居里夫人的用心培养下，两个女儿逐渐显现出了自己的兴趣和天赋。于是居里夫人开始对她们进行有针对性的培养，后来两个女儿分别在科学领域和艺术领域成就了一番事业。

通过对孩子的观察，找出孩子的兴趣所在，然后制定 OKR 鼓励孩子学习并掌握相关技能。

在制定 OKR 时，我们首先要明确什么是"掌握"，即要达到什么样的目标，实现什么样的结果，可以利用这门技能做什么。只有明确目标和动力，才能让孩子更好地学习某一技能。

以游泳为例，我们需要帮助孩子定义自己的目标，即达到什么程度才算是学会游泳这一技能。在制定目标和关键结果时，记住一定要进行量化，如表 6–1 所示。

表6-1　暑假内学会游泳的OKR

O：参加暑期游泳班，学会游泳	
KR1	在浅水区锻炼，一周内学习俯漂，建立漂浮感和平衡感
KR2	半个月内学会蛙泳，掌握手臂划水和双腿蹬夹水技能
KR3	一个月内掌握换气技巧，控制换气节奏
KR4	两个月内进入深水区，掌握踩水和仰漂两项技能

6.3　用 OKR 让孩子学业进步

2019 年 10 月，一个"清华学霸作息表"的话题在新浪微博中冲上热搜，引发了广泛的关注。在话题中，有网友曝光了一个清华学霸的学习计划表，后经证实，这是清华大学校史馆举行的"清华大学优良学风档案史料展"中的一份展品。

这份学习计划表内容非常丰富，上面密密麻麻写满了各种计划与安排，其中包括每日课程、课余安排，以及自己每天的学习状态和总结。除了学习计划表，这位学霸还为自己制定了一份实验计划表，将自己每天的任务、目标、任务完成情况及想法都写得非常清楚。

看了这份计划，大家纷纷感叹：难怪她能考上清华。

可以看出，这位清华学霸对学习有着清晰的目标和规划，这也是她能够考上清华大学，并成为清华学霸的重要原因。

使用 OKR，是让孩子的学习成绩进步的好方法。

制定学习 OKR

有的人认为，学习只要跟着老师的节奏，每天认真听讲、按时完成作业就行了，其实这种想法是不对的。老师的教学进度是针对全体学生的，只是跟随老师的教学计划而无目的、被动地学习，并不能达到最佳学习效果。

我们要根据自己的实际情况，制定属于自己的学习计划 OKR。俗话说，"知彼知己，百战不殆"。"知己"就是明确学习目标，了解自己的学习情况，准确估计自己的学习能力。

在制定学习 OKR 时，要注意以下几点：明确学习目标，突出学习重点；恰当安排自己的学习任务，把控学习进度；关注学习效果，及时调整，按照学期 / 季度 / 月度的频率制订学习计划。

我妹妹的女儿在上海的一所中学读初二，她为自己写的 OKR 如表 6-2 所示。

表6-2　年度学习OKR

O：2020年考上一所好的高中	
KR1	语文：每周学习古文两篇，写作一篇（600字）
KR2	数学：提前一周预习要学的内容，预习完立刻做一份练习卷
KR3	英语：背中考单词以增加词汇量，每周背300个单词；认真学语法，看语法书、语法视频，每周掌握两个语法点
KR4	物理、化学：买辅助教材自己攻克难题，每周各做一份卷子

用 OKR 跟踪学习进度

作为一种目标管理工具，OKR 非常方便用来衡量目标的进展，管理学习进度，从而大大提升学习效率。

我们可以在家里准备一个白板，如图 6-3 所示。让孩子将 OKR 写在上面，然后每天用即时贴更新进度并贴在上面。可以累加积分或者积累"笑脸"，当达到一定数量后，给予孩子适当的奖励，这样能对孩子起到激励作用。定期和孩子一起检查目标进度，他们就会知道该如何选择，是放弃努力，还是继续坚持，如表 6-3。

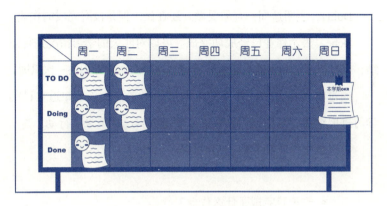

图 6-3　OKR 白板

表6-3　OKR学习日报

每日更新			
我的学期OKR	To Do（要做）	Doing（正在做）	Done（完成）
O：争取期末考试排名前10 KR1：认真学习语文古文这个部分，考试得满分 KR2：增加词汇量，英语考试争取超过90分 KR3：加强数理化训练，将平均成绩提高5分	1.背诵古文《×××》 2.背诵10个英语单词 3.做一套化学试卷	撰写一篇周记	1.完成一篇小作文 2.背诵10个单词 3.掌握了一个语法的运用 4.做了一套数学试卷

To Do，是指今天计划要做的作业。可以在放学后用 15 分钟计划今天要完成的作业及要达到的目标。

Doing，表明这周一直需要做，还在做，但是没有完成的作业。

Done，表示作业已经成功完成。可以对昨天的学习情况进行总结，也可以回忆一下昨天的所获所得，这是对所学知识的一次巩固。

通过将目标分解，并视觉化地呈现出来，让孩子知道自己的学习进展情况，这样他们才能更好地把握自己接下来的行动。

可以鼓励孩子和我们一起说这样三句话：

- 昨天我完成了什么作业？
- 今天我要完成什么作业？
- 我遇到了什么困难，需要哪些帮助？

以下是一篇六年级女同学的日记，她妈妈同意我分享给大家。她妈妈是我在厦门的学员，学完 OKR 之后，回家把女儿也教会了。

2019 年 11 月 11 日　星期一　晴

OKR 学习法

在期中考试结束后，妈妈与我一同总结了学习方法，而她也教会了我一种新的学习方法——OKR。

首先，妈妈先带我总结了试卷上的问题，发现有以下几个缺漏点：语文，阅读理解失分较多；数学，计算粗心；英语，阅读理解不能完全读懂。针对这几个问题，妈妈给我介绍了 OKR 学习方法。

　　OKR 是由两部分组成的：目标（O，objectives）和关键结果（KR，key results）。目标是描述我们要做什么，关键结果是描述我们要如何做，以及如何去验证我们是否达到。

　　还有 5W2H 模式，这也是一种科学有效的思考方法。目标可以回答我们要做什么（what），并且隐含了为什么要做（why），这告诉了我们努力的方向和意义。关键结果可以回答我们要如何做（how），做到什么程度（how much），并隐含谁去做（who），什么时间（when）和在哪个地方（where）做，这告诉了我们行动和验证的方法。通过 OKR 这种模式，我们不仅可以有效地思考目标，还能更清晰地知道怎样达到目标。

　　而我的 O 是：期末语数英三科取得全优成绩。

　　KR1：语文，通过每天打卡一篇阅读理解，读完三本书，来提高语文阅读部分的得分。

　　KR2：数学，通过每天打卡一道计算题，建立错题本，将计算准确率提高到 100% 并掌握概念。

　　KR3：英语，通过每天打卡背五个单词、做一篇阅读理解，来提高单词积累量和阅读成绩。

　　"不积跬步，无以至千里；不积小流，无以成江海。"只要我们有踏实的态度和好的方法，还有坚持的决心，就一定会有好的成绩。

6.4 用 OKR 培养孩子的毅力

万海妍，一个来自北京的 11 岁小女孩，在支付宝小程序"挑战者"一举成名，还收到支付宝老板的工作邀请："阿里巴巴永远为你敞开大门。"

万海妍在很小的时候就开始对代码感兴趣。为了培养孩子的兴趣，她的母亲为她买了很多专业书。在母亲的支持下，万海妍 10 岁时立志要用代码改变世界，她经常去图书馆查阅相关图书，还在网络上搜集关于编程的信息。此外，她妈妈还带着她去深圳找编程猫创始人李天驰学习 JavaScript 编程语言。

万海妍学习编程的时间并不长，可她用一年多的时间就获得了 NOC 编程猫创新编程全国决赛一等奖，还制作了超过 18 个游戏和创作了 2 部近万点击量的小说。

万海妍未来想学人工智能，利用人工智能开发更多可以给人们带来帮助的应用软件。

万海妍在学习编程的过程中，有着超强的毅力。OKR 就是培养孩子毅力的"最强武器"。

聚焦目标

电影《爱丽丝梦游仙境》中，有一段非常经典的对话。爱丽丝问柴郡猫："请你告诉我，我该走哪条路？"柴郡猫回答爱丽丝："那要看你想去哪里。"爱丽丝说："去哪儿无所谓。"柴郡猫回答说："那么走哪条路也就无所谓了。"

有这样一幅漫画，一个人挖井，这边挖一下，那边挖一下，最后却一无所获。其实有些地方，只要他再坚持往下挖几下就可以找到水了。这幅漫画告诉我们，没有毅力的人是很难取得成功的。"宁挖一口井，不挖十个坑"，想要取得一定的成果，并不是努力一阵子就行的，而是需要长期坚持。

华裔心理学家安杰拉·李·达克沃思在《坚毅》一书中表明，毅力是走向成功之门的钥匙，可以引领孩子走向成功。安杰拉曾做过一段时间的老师，在那期间，她发现很多有天赋、智商高的孩子，最后的成就却不如预期，后来她经过研究发现，这些人之所以没能取得预期成就，原因就在于他们没有毅力。

OKR是一款聚焦目标的关键工具，要求聚焦在最重要的目标上。在培养孩子的毅力时，我们要聚焦到他们最重要的兴趣上。很多家长为孩子报兴趣班，今天学跳舞，明天学钢琴，后天学编程，结果兴趣没有培养成，反而什么都没有学好。与其多挖几个坑，倒不如专心挖一口井。通过 OKR 让孩子专注地做一件他们感兴趣的事情，然后进行自我管理，有利于培养孩子的毅力和专注力。

"吸引力法则"认为，当思想集中在某一领域时，跟这个领域相关的人、事、物都会被他吸引过来。其实，并非这些事物被吸引过来，而是当一个人专注于某一件事、聚焦于某一目标时，他就会格外留意与之相关的事，将很多事情与之相联系。

举个例子，如果孩子专注于学钢琴，他就会关注与之相关的一切东西，了解与之相关的知识、技巧、作品及出色的演奏家等。此外，孩子还会在培训班结交到兴趣相投的朋友，主动参加相关的演奏会，阅读与钢琴有关的图书、杂志等。

当孩子在一件事情上形成专注力时，他就具有了毅力。

刻意练习

阿廖欣是著名的世界盲棋冠军。他在 7 岁时开始学习下棋，后来在参加对抗赛的过程中开始对盲棋感兴趣。为了提高自己下盲棋的技能，他先把着法在草纸上勾画出来，然后使用草图来思考最佳着法，后来他可以摆脱草图的局限，凭借记忆记住整个棋局，并在头脑中思考针对不同对弈局面的不同着法。

阿廖欣通过刻意练习提高了自己下盲棋的技能。刻意练习是美国心理学家艾利克森博士在《刻意练习：如何从新手到大师》一书中提到的概念。所谓刻意练习，并非简单地重复练习，而是突破舒适区带着明确目标的练习，并在此过程中得到及时的反馈。

如何让孩子进行刻意练习，使孩子的闪光点成为他的优势呢？

第一，找到榜样，学习经验。

帮助孩子找到一个榜样，明确一个优秀的人要具备哪些能力。这其实就是为孩子设立了一个形象具体的目标。例如，孩子喜欢弹钢琴，我们可以让孩子接触钢琴兴趣班老师，观看一些优秀钢琴家的视频，帮助孩子树立榜样，学习他们成功的经验。

第二，将任务拆解，明确目标，制定 OKR。

学习一项技能，培养一种优势，需要付出大量的努力。而在进行努力的时候，必须聚焦目标，这样才能知道往什么方向努力。

比如，有的家长规定孩子每天练习弹钢琴两个小时，他们认为这就是目标。但是如果只是漫无目的地弹曲子，并不知道要学到何种程度，是很难获得进步的。将目标定为"弹钢琴不错漏音符"或者"掌握正确的练习指法"等，孩子就会知道该往哪个方向努力，要练习到什么程度。

第三，得到及时、正确的反馈。

孩子带有目的地进行练习，并得到老师或家长及时的反馈，才能知道自己的付出是否达到相应的效果，才能知道自己哪里有所欠缺，该如何改进。这样才能在之后的练习中避免发生同一错误。避免发生同一错误，便是进步的开始。

举个例子，孩子学习画画，我们可以将他们的画拍成视频或者照片，发到朋友圈、微博、贴吧参加比赛，给培训班老师、朋友或者其他专业人士点评，这样就可以得到更多的反馈意见，然后制成下一周期的 OKR，帮助孩子有的放矢地改进。

父母协同，量化反馈

在漫威电影《雷神 3：诸神黄昏》中，雷神索尔威力巨大的锤子被他的反派姐姐"死亡女神"海拉所毁。索尔被姐姐的威力惊呆了，绝望地对父亲奥丁说："失去了锤子，我什么都做不了。"他的父亲奥丁此时启发他说："孩子，你可是雷霆之神啊！你是锤子之神吗？"听到父亲这样说，索尔猛然清醒过来，他意识到自己并非因为锤子而强大，而是因为他有着能够运用雷电的潜能。最终，索尔通过对雷电的掌控，成功阻挡了"死亡女神"的攻击，得以死里逃生。

《雷神 3》告诉我们，在孩子的成长过程中，他人的鼓励和启发对孩子潜能的发挥起着至关重要的作用。

OKR不仅是一套目标管理工具和自我管理工具，还是一套沟通工具。在孩子完成目标的过程中，需要父母的协同，当他遇到困难而一蹶不振时，父母可以通过有效的方法督促、激励孩子继续坚持。

此外，父母还可以帮助孩子找到同伴，共同学习。一个人的坚持是孤独的，而一群人一起努力的力量是无穷的。

父母还要对孩子的表现给予适时适当的反馈。孩子的进步是一个由量变到质变的过程，而此过程是不容易被人感知的，因此很容易让孩子因为看不到进步和成果而产生懈怠情绪。这就需要家长给予及时的反馈，通过阶段性的总结与复盘，让孩子知道哪里做得好，哪些地方做得不好，可以通过哪些方式改进。

反馈，不能只简单地总结与概括。"你今天进步了"，"你最近表现不错"，这些都是过于笼统的说法。我们需要反馈非常量化和具体的事情。比如，对孩子最近阅读课外书的结果进行反馈可以这样说：这月比上月多读了2本，读书笔记比上月多写了2篇。通过量化反馈结果，让孩子切实感受到自己的进步，从而产生继续坚持的信心。

我们推荐大家用SAID模式，给孩子他们想要的反馈。SAID包括四个方面：

第一，S即specific，通过某一具体事情告诉孩子哪些完成了，哪些没有完成；

第二，A 即 ask，向孩子问一些开放性的问题，与他们进行一对一的双向沟通；

第三，I 即 impact，表达孩子的学习对其他人和班级等的影响；

第四，D 即 do，告诉孩子哪些行为需要继续，或者哪些行为需要改变。

若表扬孩子，我们可以如图 6-4 所示这么说。左上图就是 S，即量化具体反馈。右上图就是 A，通过提问，让孩子总结经验。左下图就是 I，告诉孩子继续努力未来会发生的积极影响。右下图就是 D，告诉孩子以后也要重复做这样的事情。

图 6-4 用 SAID 模式提问

激励和奖励相结合

对学习成果的定期回顾是激励孩子坚持的重要动力。将孩子的目标分解成阶段性的小目标及相关的关键结果，这样方便孩子自己对学习结果进行复盘，总结出有哪些进步，有哪些不足，不足的原因是什么，看看需要做出什么样的调整，以及需要家长或者老师做出怎样的配合来帮助自己更好地提高。

这里我们介绍非常简单的复盘方法。

让孩子对自己的每一个 KR 进行打分：100 分表示 KR 全部出色完成；70 分表示 KR 没有 100% 完成，但是可以接受；30 分表示这个 KR 彻底失败。我们也可以用 3 种颜色的磁性贴来表示完成情况，其中，绿色表示一切顺利，黄色表示进度延后，红色表示没有成功。

让孩子自己在墙上或者白板上标注进度。通过对学习 OKR 进行定期回顾与复盘，让他感受到自己的进步，从而产生成就感，获得一种内在的驱动力。这种驱动力是一种比自动、自发更有内心力量的精神，能够使孩子持续保持学习的热情。

驱动力除了来自学习成果对孩子内心的激励外，还有一部分来自外部激励，包括家长对孩子精神上的鼓励和物质上的奖励。

通过对孩子的表现给予及时的反馈，表达对孩子的肯定与赞扬，使孩子获得继续努力的动力。在现实生活中，很多父母担心孩子骄傲而吝啬给予孩子表扬，其实这样会使孩子感受不到被肯定而产生失望心理，从而失去继续上进的动力。

所以，我们要适时给予孩子一定的肯定和鼓励，正面积极地教育孩子。即便孩子的 OKR 完成得不好，也不要打击批评孩子，而是要用鼓励的方式让孩子自己解决问题。

此外，当孩子的学习获得一定的成果后，父母还可以给予孩子适当的奖励，例如给孩子一个他最想要的礼物，或者带孩子去玩，带孩子看电影，等等。通过一定的物质奖励和非物质奖励，让孩子从学习中抽离出来，放松身心。

表 6-4 是我的一个学员的 5 岁女儿在假期里的 OKR，以及完成后会得到的奖励。

表6-4　暑期OKR

O1：成为一个优秀的宝宝	O2：养成学习英语的好习惯
KR1：30分钟以内吃完饭（获得25分）	KR1：每天打卡学英语（获得25分）
KR2：60分钟以内做好作业（获得25分）	KR2：每天用点读笔学习两本书（获得25分）
奖品：一辆平衡车（生日礼物）	
条件：6月10日至7月16日积分满3000分	

在培养孩子的毅力时，适当的奖励是良好的外在驱动力，父

母的正面反馈能够强化孩子的成就感。

当孩子逐渐养成坚持的习惯，还怕孩子在其他事情上半途而废吗？

小贴士

父母的礼物

物质礼物：生日礼物，旅游，学习用品。

非物质礼物：拥抱，微笑，亲吻，表扬，写信，留言，微信给小红花，安排娱乐时间。

6.5 OKR"全家桶"：爸妈是孩子最好的榜样

白岩松是央视名嘴，他不但语言犀利，观点独到，在教育孩子方面也有自己的一套方法，归结来说，就是言传身教。

他从未刻意让孩子读书，但是每次孩子放学回到家，都看到白岩松在看书，于是孩子也爱上了读书。白岩松喜欢摇滚乐，受他的影响，孩子也喜欢上摇滚乐，白岩松因势利导，给孩子布置了任务，让他听一首摇滚乐就翻译一首歌词，因此孩子在英语方面进步很快。白岩松从不限制孩子的爱好，有一段时间他的孩子爱上了读武侠小说，白岩松也不加干涉，孩子在读完金庸的小说后，对历史有了兴趣，又去查找相关的书。

白岩松除了在兴趣方面对孩子有影响外，在其他方面也起着言传身教的作用。每晚回家坐过电梯后，白岩松就会摁下"I"键，让电梯落到底层，以方便其他回家的人。后来白岩松发现，他的孩子每晚回家也有了这个习惯，而他从未对孩子讲过"你应该怎么做"这样的话。

"家长是一个润物细无声的角色。"白岩松这样说。

父母是孩子的第一任老师，一言一行都会对孩子有着潜移默化的影响。父母想要孩子有什么样的行为，首先自己就要做出什么样的行动。父母可以自己使用 OKR，成为孩子的好榜样。

与孩子一起进步

在生命的最初，每个孩子都是一张白纸，而要给这些"白纸"画上什么颜色，很大程度上取决于父母的教养方式。孔子说："欲教子，先正其身。"意思是，父母要教育孩子，必须首先做好自己。

父母对孩子起着言传身教的作用。正所谓上行下效，孩子会效仿父母的一切行为，因此，教育孩子，我们需要以身作则，率先垂范。想要孩子怎么做，我们就要首先示范；想要孩子养成什么样的习惯，我们就要先具有那样的习惯；想要孩子具备什么样的品质，我们就要先具备这样的品质。

然而很多父母玩着游戏、刷着抖音，却要求孩子按时完成作业，不玩手机，不看电视，把教育孩子的责任一股脑推给学校和补习班，在孩子成绩不理想时，又责怪孩子不认真。其实孩子的表现与父母松散慵懒的态度不无关系。

父母是孩子的榜样，我们可以利用OKR"全家桶"与孩子一起进步。

比如，想让孩子养成读书的好习惯，我们就可以制定一个家庭OKR，如表6-5所示。

表6-5　养成读书习惯的OKR

O：养成读书的好习惯	
KR1	每天亲子阅读30分钟，交流心得
KR2	每周举办一次家庭读书会
KR3	全家每月去两次图书馆绘本馆
KR4	每月与孩子共读一本书，写一篇读书心得
KR5	一年参加一次大型书展

或者，我们想让一个5岁的孩子学习英语，同样可以通过OKR"全家桶"让孩子持续学习，如表6-6所示。

表6-6   全家一起学英语的OKR

O：全家一起学英语	
KR1	每天与孩子一起打卡英语App课程
KR2	周末设置英语小游戏，创建各种情境，父母与孩子进行亲子互动30分钟
KR3	每月去一次英语角，与孩子实地练习英语

将自己纳入与孩子一起学习的体系中，更能带动孩子的积极性。假如孩子在此过程中产生懈怠情绪，但是看到父母还在坚持着，那他们也会有继续坚持的信心。（见图6-5）

图 6-5   家长与孩子一起进步

做成长型家长

泰国有一个家庭励志公益短片《豆芽引发的梦想》在网上曾一度火爆，短片讲了一个小女孩的故事。小女孩和妈妈相依为命，有一次在她们一起去菜市场时，小女孩子盯着卖豆芽的摊位问妈妈："为什么豆芽卖得这么好？"她妈妈回答说："因为只有一个摊位在卖豆芽。"

于是小女孩就产生了种豆芽的想法。她妈妈鼓励她说，可以试一下。

她们连续尝试了两次，结果都以失败告终。小女孩有些失落，她妈妈鼓励她不要气馁，并与小女孩一起寻找失败的原因。她们发现，原来是因为没有按时浇水，豆芽才枯死。于是她们又改进方法，进行新一轮的尝试。

终于，这一次她们成功了。

她妈妈启发小女孩问："我们要不要尝试种点别的东西？"小女孩回答说："我们试试。"

这是由真实故事改编而来的。视频中的小女孩的原型是尼特纳帕·萨勒（Netnapa Saelee），如今她已获得生物学博士学位，在瑞典从事研究工作。正是由于母亲的言传身教，小女孩才具备了愿意尝试、不怕困难的生活、学习态度，最终能够学有所成。

美国卡罗尔·德韦克博士在《终身成长：重新定义成功的思维模式》一书中说，具有成长型思维的父母会在潜移默化中影响孩子的成长型思维，从而使孩子各方面能力都得到提高。

学习是一辈子的事，与年龄无关，我们要做成长型父母，通过言传身教，成为孩子在学习中的好榜样。

聚焦和协同是 OKR 的两大利器。在教育孩子时，我们可以充分利用这两点。通过聚焦孩子的目标，与孩子一起完成各自的OKR。

当孩子在兴趣班学习，而家长不能参与其中时，很多人都采取玩手机的方式来打发时间，其实我们可以利用这段时间去学习其他知识，比如，在手机上自学一门新的语言，或者阅读一本书，抑或在相同的时间段内去健身或者学瑜伽。

有这样一句话：一流的家长做榜样，二流的家长做教练，三流的家长做保姆。榜样的力量是无穷的，"言传不如身教，身教不如境教"，想要教育好孩子，父母就要做好自己，为孩子树立榜样，营造积极向上的学习氛围，终身学习，做成长型父母。